ULRICH
NERSINGER

Einmal
Canossa
und zurück

**Anekdotisches aus
der Kirchengeschichte**

ULRICH
NERSINGER

Einmal
Canossa
und zurück

**Anekdotisches aus
der Kirchengeschichte**

Sankt Ulrich Verlag

Bibliographische Information der Deutschen Bibliothek

Die Deutsche Bibliothek verzeichnet diese Publikation in der
Deutschen Nationalbibliographie; detaillierte bibliographische
Daten sind im Internet über http://dnb.ddb.de abrufbar.

Titelbild: Jean-Georges Vibert: Der sich putzende Pfau
(Ausschnitt, gespiegelt)
Umschlaggestaltung: uv media werbeagentur
Mediengruppe Sankt Ulrich Verlag, Augsburg
Druck und Bindung: CPI - Ebner & Spiegel, Ulm
Printed in Germany
ISBN 978-3-86744-165-0
www.sankt-ulrich-verlag.de

Inhalt

Der Rost des
heiligen Laurentius
und das Lachen der Märtyrer

Sie ist eine der bedeutendsten Straßen der Antike, die Via Appia. Die *regina viarum,* die „Königin der Straßen", war eine Lebensader des Imperium Romanum, das von der Stadt am Tiber den *orbis terrarum,* den Erdenrund, beherrschte. Sie diente der Versorgung der *urbs* mit Waren und Sklaven. Volkstribunen, Konsuln und Kaiser setzten ihren Fuß auf sie und Legionen schwerbewaffneter Soldaten erschütterten ihr Pflaster. Auch für das Christentum besaß sie eine große Bedeutung – sie führte die Anhänger der neuen Religion in die Stadt und von dort aus wieder in die Welt hinaus.

An der Via Appia, nicht weit vom Stadttor, befindet sich eine kleine Kirche mit einer sonderbaren Bezeichnung. *„Domine, quo vadis?"* wird das Gotteshaus genannt. Die „Petrusakten", Schriften, die nicht Eingang in das Neue Testament gefunden haben, berichten in eindrucksvollen Erzählungen von den Anfängen der Kirche. In den Tagen, als

Kaiser Nero nach dem Brand Roms die Christen verfolgte, verließ der Apostel Petrus die Stadt. Auf der Via Appia begegnete ihm Christus. „*Domine, quo vadis? –* Wohin gehst du, Herr?", fragte ihn der Apostel. „*Venio Romam iterum crucifigi –* Ich gehe nach Rom, um mich erneut kreuzigen zu lassen", gab ihm der Herr zur Antwort. Petrus kehrte in die Stadt zurück, wurde gefangengenommen und im Circus des Nero auf dem *mons vaticanus,* dem vatikanischen Hügel, gekreuzigt.

Nach dem Ende der römischen Republik hatten sich die Nachfolger des Gajus Julius Cäsar, die Cäsaren, das Attribut „*divus –* göttlich" beigelegt. Es sollte den Kaiser auf eine sakrale Stufe erheben, ihn als den im Auftrag der Götter Handelnden darstellen. Dieses Bewusstsein der Cäsaren um ihre Bedeutung im römischen Staat verstärkte sich immer mehr, so dass Kaiser Domitian an der Schwelle zum zweiten Jahrhundert den Anspruch auf die Anrede „*Dominus et Deus –* Herr und Gott" stellen konnte.

Die Kirche lehnte die Achtung und Ehrung des Kaisers nicht ab; sie betete *für* ihn, aber nicht *zu* ihm. Der Titel und Anspruch *Dominus –* griechisch *Kyrios –* konnte allein Jesus Christus, dem einzigen Herrn, gebühren. Die Weigerung, dem Standbild des Kaisers zu opfern, wurde als Majestätsbeleidigung, als Angriff auf den Staat selber begriffen. Der immer wiederkehrende Vorwurf in den Anklageschriften wird daher lauten: Die Christen sind Staatsfeinde, die sich dem Kaiserkult widersetzen. Kaiser Domitian schreckte nicht einmal davor zurück, dem Christentum zugetane Mitglieder seiner eigenen Familie wegen „Atheismus" (Gottlosigkeit) zu verurteilen; sein Vetter, der Konsul Flavius Clemens, wurde durch das Schwert hingerichtet, dessen Gemahlin Flavia Domitila mit ihren Kindern in die Verbannung geschickt.

Oft waren es nur einzelne Beamte des Staates, die auf Druck der heidnischen Öffentlichkeit Verfolgungen durchführten. Persönliche Interessen, Feindschaft, Missgunst – all dies führte zur Denunziation von Christen. Es gab noch kein System in der Verfolgung des Christentums. Und immer wieder gab es Zeiten, in denen die Kirche die Gelegenheit zum „Luftholen" erhielt. Eine allgemeine und planmäßige Verfolgung erfuhren die Christen erst wieder unter Kaiser Decius (249–251). Nach dem Tod des Imperators durften sie für eine kurze Zeit in Frieden leben. Aber schon im Jahre 257 unter Kaiser Valerian begann eine neue blutige Verfolgung.

Dann aber durfte die Kirche für mehr als vierzig Jahre ihr Wirken mehr oder weniger ungehindert fortsetzen, bis Kaiser Diokletian (284–305) zwei Jahre vor seinem Tod ein Ende machte. Diokletian war der Kirche gegenüber zunächst wohlgesonnen gewesen; seine Frau und Tochter standen dem christlichen Glauben sogar sehr nahe. Dann jedoch ließ er sich von heidnischen Fanatikern aus seiner unmittelbaren Umgebung aufhetzen und initiierte die wohl blutigste Christenverfolgung der Antike.

Die Kirchen ließ er zerstören und die heiligen Schriften verbrennen. Die Kleriker wurden verhaftet und vor die Wahl gestellt, zu opfern oder zu sterben. Auch von den übrigen Christen wurde das Opfer für den Kaiser verlangt; wer dem nicht nachkam, wurde der Folter übergeben und bei Verharren im Glauben auf grausame Weise hingerichtet. Vor allen in Asien und Afrika floss, wie es zeitgenössische Berichte mitteilten, „das Blut der Christen in Strömen". Es trat jedoch das ein, was der Kirchenschriftsteller Tertullian schon ein Jahrhundert zuvor prophezeit hatte: „Quält, martert, verurteilt uns! Wir werden jedes Mal zahlreicher, so oft wir von euch niedergemäht werden. Märtyrerblut ist Christensaat."

Das Blutzeugnis der Christen rief bei ihren Verfolgern Verwunderung hervor, das Erleiden grausamer Torturen sogar Bewunderung. Der Diakon Laurentius nahm im Jahre 258 unter Kaiser Decius den Tod für seinen Glauben an den auferstandenen Herrn auf sich. Laurentius war in Rom die Sorge um die Kranken, Armen, Waisen und Witwen anvertraut. Laut einer Legende, die bereits im

4. Jahrhundert verbreitet war, erlitt er das Martyrium auf einem glühenden Rost. „Oh, ihr Dummköpfe, wenn ihr mich nicht bald dreht, werde ich nicht gar", soll der Heilige mit einem Lachen seinen Peinigern entgegengerufen haben. Angesichts der Furchtbarkeiten der Welt erfüllte Laurentius eine eschatologische Heiterkeit – „Wo den Ungläubigen das Lachen verging, waren die Märtyrer noch des Lachens fähig, denn sie erwartete das Himmelreich" (Eckart Schörle).

Der englische Staatsmann Sir Thomas More (1478–1535) versah unter König Heinrich VIII. das Amt des Lordkanzlers. Der große Humanist und bekennende Katholik konnte die Trennung Englands von Rom nicht mitvollziehen und verweigerte daher den Suprematseid auf die Krone. Der mehrfache Familienvater wurde verhaftet, sein Vermögen eingezogen und er selber wegen Hochverrat zum Tode durch das Beil verurteilt. Als man Thomas More zu seiner Hinrichtung führte, bat er den Henker: „Achtet auf meinen Bart, denn er hat keinen Hochverrat begangen."

Die Gelassenheit der Heiligen bezwingt auch noch in unseren Tagen die Wut der Tyrannen. Am 9. August 1942 wurde Schwester Teresia Benedicta a Cruce (Edith Stein) im Konzentrationslager Auschwitz ermordet. Als die Deportierung der Ordensfrau anstand, brachten ihr zwei Vertraute der

Priorin des Karmels Wäsche in die Haft. Für die beiden Männer war die Ordensfrau „vollkommen ruhig und beherrscht. Man spürte keinen Hauch von Angst an ihr". Am gleichen Tag bat Edith Stein ihre Oberin noch um den nächsten Brevierband und fügte hinzu: „konnte bisher herrlich beten". Zeugen berichteten, „wie ruhig und gesammelt diese Schwester war", sie sei „tröstend, helfend, beruhigend wie ein Engel" unter den verzweifelten Frauen umhergegangen. Der Bahnhofsvorsteher Valentin Fouquet sah Edith Stein am 7. August, als der Zug nach Auschwitz kurz im pfälzischen Schifferstadt hielt. Er stellte fest: „Die Dame machte einen ruhigen, freundlichen Eindruck."

„Stecke dein Schwert in die Scheide" – Kirche und Krieg

Im Jahre 876 hatte Papst Johannes VIII. (872–882) an den Kaiser ein Schreiben gesandt, in dem er um Hilfe bat, um das römische Umland von den Streifzügen der Sarazenen zu befreien: „Die Städte, die Kastelle, die Dörfer sind mit ihren Bewohnern untergegangen; die Bischöfe zerstreut; innerhalb der Mauern Roms sammeln sich die Reste des gänzlich entblößten Volkes; draußen ist alles Wüste und Einöde, nichts mehr übrig als, was Gott abwende, der Untergang der Stadt. Die ganze Campagna ist entvölkert, nichts ist uns oder den Klöstern und anderen frommen Orten, nichts dem römischen Senat zum Unterhalt geblieben, und die Umgegend der Stadt ist so ganz verwüstet, dass man dort keinen Bewohner, nicht Mann noch Kind zu entdekken vermag."

Es kam keine Hilfe. Der Papst aber musste handeln – und stellte eine Flotte auf. Die päpstlichen Schiffe, Dromonen, hatten „eine Länge von 170

Fuß, waren mit zwei Kastellen auf dem Vorderteil und Hinterteil bewehrt, mit Kriegsmaschinen zum Schleudern, Brennen und Entern versehen und von Galeerensklaven durch hundert Ruder bewegt, während Marinesoldaten die Mitte und die Kastelle einnahmen" (Ferdinand Gregorovius). „Wer soll die Schiffe befehligen?", fragte man Johannes VIII. „Ich", antwortete der Papst. Und schon bald stieß die Flotte in See und traf die Sarazenen am Kap der Circe, nahm ihnen 18 Schiffe, befreite 600 christliche Sklaven und tötete eine Menge von Feinden. Es war das erste – und auch letzte Mal –, dass ein Papst als Admiral in den Kampf gezogen war.

Die Botschaft, die Christus im Garten von Gethsemani an den ersten Papst gerichtet hatte, schien eine andere zu sein. Als man den Herrn gefangen nahm, ging Petrus dazwischen, schlug mit dem Schwert auf einen Diener des Hohenpriesters ein und hieb ihm ein Ohr ab. Doch Jesus forderte den Apostel auf: „Stecke dein Schwert in die Scheide, denn alle die zum Schwert greifen, werden durch das Schwert umkommen." Schon in der Bergpredigt hatte der Herr gesagt: „Selig, die keine Gewalt anwenden, denn sie werden das Land erben … Selig, die Frieden stiften, denn sie werden Söhne Gottes genannt werden." Die Kirche der ersten Jahrhunderte nahm die Botschaft der Bergpredigt sehr ernst und hielt am Prinzip der Gewaltlosigkeit fest.

Für den Kirchenschriftsteller Tertullian (150–230) konnte es in dieser Sache keinen Kompromiss geben: „Wie kann einer Krieg führen, wie kann einer auch nur in Friedenszeiten Militärdienst leisten, wenn ihm der Herr das Schwert weggenommen hat. Es kamen zwar Soldaten zu Johannes und erhielten Regeln für ihr Verhalten; es wurde zwar ein Hauptmann gläubig; doch der Herr hat mit der Entwaffnung des Petrus jedem Soldaten das Schwert abgeschnallt."

Zu Beginn des 4. Jahrhunderts war das Christentum unter Kaiser Konstantin dem Großen zur Reichskirche geworden. Der neue Beherrscher des Römischen Imperiums hatte den Sieg in einer entscheidenden Schlacht göttlichem Beistand zugeschrieben und sich so zu der neuen Religion bekehrt. Die Einstellung der Kirche zum Krieg war nun eine ganz und gar andere. Es herrschte die Auffassung, dass dem Römischen Reich Heilsbedeutung zukomme und die Christen aufgerufen seien, zum Bestand des Imperiums ihren Beitrag zu leisten – auch mit dem Dienst an der Waffe. Der Kirchenvater Augustinus befasste sich ausführlich mit der Problematik des Krieges, in seinen Überlegungen griff er auf die Lehre vom *bellum iustum,* dem „gerechten Krieg" zurück, die in der Antike von einer griechischen Philosophenschule, der Stoa, entwickelt worden war. In den

15

Schriften des Augustinus finden sich drei Kriterien, damit ein Krieg als gerecht bezeichnet werden kann: er muss aus einem gerechten Grund geschehen, mit dem Willen zum Frieden ausgestattet sein und auf dem Befehl einer rechtmäßigen Autorität beruhen.

Thomas von Aquin nahm diese Gedanken im 13. Jahrhundert auf, ordnete sie neu und stellte sie in die Reihenfolge: legitime Autorität, gerechter Grund und rechte Intention. Er behandelte den *bellum iustum* in seinem Traktat von der übernatürlichen Liebe, deren Ziel das Heil des Nächsten ist. Nach Ansicht des Kirchenlehrers werden durch einen gerechten Krieg Übeltäter (sowie deren mögliche Nachahmer) von weiteren Sünden und verbrecherischen Taten abgehalten. Die Theologen der Spätscholastik stellten noch weitere Kriterien auf, damit von einem gerechten Krieg gesprochen werden konnte: Der Krieg darf nur als *ultima ratio* (letztes Mittel) in Betracht kommen, es muss die Aussicht auf Erfolg bestehen und er darf niemals direkt gegen unbeteiligte Zivilisten geführt werden.

In späteren Zeiten war kein Platz mehr für große theologische Reflexionen über die Rechtmäßigkeit eines Krieges. In allen christlichen Konfessionen, in denen es eine Allianz von „Thron und Altar" gab, hielt man ihn oft für eine „heilige Pflicht". Nur so ist es zu verstehen, dass im Ersten Weltkrieg auf den Uniformkoppeln der deutschen Soldaten ein „Gott mit uns" stand. Auch in Staaten, wo es offiziell die strikte Trennung von Staat und Kirche gibt, war dies nicht viel anders. Dort konnte es ebenfalls zu einer starken Bindung oder Verpflichtung der Kirche zur Nation kommen. *„In God we trust* – Auf Gott vertrauen wir", steht auf den Münzen und Banknoten der Vereinigten Staaten von Amerika. Wer in den USA ein Gotteshaus betritt, wird in der Nähe des Altarraums stets die amerikanische Nationalflagge erblicken. In Kriegszeiten forderten auch die Kirchen in diesem Land einen bedingungslosen patriotischen Einsatz.

Der Erste Weltkrieg hatte jedoch bei vielen Christen zu der Einsicht geführt, dass angesichts des Ausmaßes an Zerstörung und menschlichem Leid die moralische Pflicht besteht, einen Krieg unter allen Umständen zu vermeiden. Aber alle Appelle und angestrebten Friedenskonferenzen vermochten die politischen Entwicklungen nicht aufzuhalten und den Ausbruch des Zweiten Weltkrieges zu verhindern. Nach dem Kriegsende und angesichts des Eindrucks der in Japan zum Einsatz gekommen Atombombe sahen sich die Kirchen zur uneingeschränkten Friedensarbeit verpflichtet. Noch im Kriegsjahr 1944 hatte Pius XII. gefordert, alles zu unternehmen, „um ein für allemal den Krieg als erlaubte Lösung internationaler Spannungen und als Werkzeug nationaler Bestrebungen in Acht und Bann zu erklären".

Im Rom der Nachkriegszeit galt Alfredo Ottaviani (1890–1979) als die Galionsfigur des konservativen Flügels der Kirche; der Geistliche hatte sich als kämpferischer und unerbittlicher Hüter des Glaubens – er stand dem Heiligen Offizium, der späteren Glaubenskongregation, vor – einen Namen gemacht. Was den Krieg betraf, hielt er die militärischen Auseinandersetzungen in der Moderne für durch und durch unsittlich und den Einsatz von Atomwaffen für ein Verbrechen. Der Bäckersohn aus dem römischen Stadtviertel Trastevere unterstützte eine Vielzahl von Waisenhäusern und Heimen, die er in seiner Freizeit aufsuchte. Bei einem Besuch sah er die Zöglinge eines Kinderheims mit Holzschwertern kämpfen. Alfredo Ottaviani rief die Oberin des Hauses zu sich und leerte seine Geldbörse aus: „Kauft Fußbälle!" Der Glaubenswächter in Rom besaß im fernen Deutschland einen Gleichgesinnten, zumindest was die Ablehnung von Krieg und atomarer Bewaffnung betraf. Herbert Wehner (1906–1990), ein bekehrter Kommunist, aufrechter Sozialdemokrat und protestantischer Christ, hatte sich in einer Schrift über die Sicherung des Friedens die Ansichten des römischen „Erzkonservativen" zu eigen gemacht und Alfredo Ottaviani namentlich erwähnt.

„Audivimus" oder
wie die Kirche
Selige und Heilige macht

A udivimus ... Wir haben Furchtbares gehört",
beginnt der Brief, den Papst Alexander III.
(1159–1181) im Jahre 1170 an den schwedischen König Kol schrieb. Der Papst beschwerte sich bei dem
nordischen Landesherrn über einen Bischof, der einen sonderbaren Heiligenkult zugelassen hatte. Bei
einer Rauferei unter Betrunkenen war einer der Beteiligten ums Leben gekommen. Auf die Fürspra-
che des Toten, eines trinkfreudigen Mönches, seien
viele Wunder geschehen, hatte die Bevölkerung
ihrem Bischof berichtet. Und schon bald erfreute
sich der verstorbene Ordensmann öffentlicher Verehrung. Die Empörung Alexanders III. war groß.
Es sei ein ungeheurer Frevel, einen Lebenswandel
und ein Lebensende dieser Art mit den Früchten
eines heiliggemäßen Daseins und gottgefälligen
Ablebens in Verbindung zu bringen, teilte der Papst
dem König mit. Der Vorfall trug entscheidend dazu
bei, dass von nun an die Päpste begannen, die Ent-

scheidungskompetenz, wer als Heiliger zu gelten habe, an sich zu ziehen.

Die ersten verehrten Heiligen waren ausschließlich Märtyrer. Für sie brauchte man noch keine eigene Heiligsprechung. In der Frühzeit der Kirche stand das Zeugnis der Märtyrer allen vor Augen. Die Mitglieder der christlichen Gemeinden kannten sich – alle sahen, was in und mit der Kirche geschah. Das Martyrium, das mit dem eigenen Leib gegebene Beispiel für das Evangelium Jesu Christi, war jedem durch den eigenen Augenschein bekannt und genügte vollständig als Beweis der Heiligkeit. Eines der frühesten Zeugnisse für die Heiligenverehrung ist der Bericht vom „Martyrium des Polykarp" (um 155). Schon in dieser Schrift finden sich alle Grundzüge der christlichen Heiligenverehrung „Wir kamen in den Besitz der Gebeine des Märtyrers, die wertvoller sind als Edelsteine und kostbarer als Gold. Wir bestatteten dieselben an geeigneter Stelle, wo wir uns wo möglich in Jubel und Freude versammeln, um mit der Gnade des Herrn den Tag seines Martyriums und seiner Geburt zu feiern ... Christus beten wir an, weil er der Sohn Gottes ist. Die Blutzeugen aber lieben wir als Jünger und Nachahmer des Herrn und wegen ihrer unvergleichlichen Hingabe an ihren König und Meister. Möchten doch auch wir ihre Gefährten und Mitschüler werden!"

Die einzelnen Heiligen, die Märtyrer, genossen zuerst nur eine lokale Verehrung. Große Gemeinden führten Listen mit den Todestagen der Blutzeugen – später wurden in diese auch die Namen auswärtiger Heiliger aufgenommen. Für die offizielle Verehrung, einen Kult, war die Übertragung oder Erhebung der sterblichen Überreste des Märtyrers wichtig. Zuständig für ein solches Geschehen war immer der Ortsbischof, eine Synode oder ein Konzil. Die Reliquien wurden entweder in einem Altar eingemauert oder in einem Schrein an eine gut sichtbare Stellung zur Verehrung erhoben. Mit dem Ende der Christenverfolgungen kamen auch andere Heiligkeitsideale auf, wie das Bekennertum. Einer der ersten dieser neuen Heiligen war in der Kirche des Westens Bischof Martin von Tours, gestorben um 397. Einzelne Bischöfe wandten sich mit der Bitte um eine Heiligsprechung an den Papst. Die erste päpstliche Heiligsprechung – und damit die erste im heutigen Verständnis – ist die des Bischofs Ulrich von Augsburg (800–899) auf der Lateransynode des Jahres 993. Bei den ersten Heiligsprechungen genügte noch das Verlesen einer *vita* (Biografie) und der Bericht über die durch den Heiligen gewirkten Wunder.

Im Laufe der Zeit sahen sich die Bischöfe mit der Feststellung der Heiligkeit einer gottgefälligen Person überfordert. Zunehmend war die Gefahr gegeben, dass örtliche Interessen eine unvoreingenommene Sicht erschwerten und allzu leicht Missbräuchen die Tür öffneten. Im Pontifikat Gregors IX. (1227–1241) wurde der Brief, den Alexander III. im Jahre 1170 an den schwedischen König geschickt hatte, in eine Gesetzessammlung aufgenommen, wodurch sich der Heilige Stuhl die entgültige Entscheidung über die Anerkennung oder Nichtanerkennung der Heiligkeit eines verstorbenen Katholiken vorbehielt. Trotz dieser grundsätzlichen päpstlichen Reservation fuhren viele Bischöfe noch Jahrhunderte lang fort, Heiligsprechungen oder Kultbestätigungen vorzunehmen. Erst Papst Urban VIII. (1623–1644) griff in die desolate Lage ein und stellte 1634 in einem Päpstlichen Breve fest: Alles, was die Verehrung eines künftigen Seligen oder Heiligen betrifft, ist allein dem Heiligen Stuhl vorbehalten; jede öffentliche Verehrung ohne die Erlaubnis Roms ist verboten.

Das Prozedere für die Durchführung von Selig- und Heiligsprechungsverfahren, das in großen Zügen bis heute Gültigkeit besitzt, geht im Wesentlichen auf theologische Überlegungen und kirchenrechtliche Vorgaben zurück, die aus der Feder Papst Benedikts XIV. (1740–1758) stammen. Der gelehrte Pontifex war nicht nur ein herausragender Wissenschaftler gewesen, sondern hatte auch eine große Menschenkenntnis besessen, die ihn mit dem heiligen Philipp Neri (1515–1595), einem der Schutzpatrone der Ewigen Stadt, verband. Benedikt XIV. pflegte immer wieder eine bezeichnende Anekdote aus dem Leben des großen Volksheiligen zu erzählen, die Goethe in seine *„Italienische Reise"* aufnahm.

„Er befindet sich eben in der Nähe des Papstes, als diesem berichtet wird, dass in der Nähe von Rom eine Klosterfrau mit allerlei wunderlichen geistlichen Gaben sich hervortue. Die Wahrhaftigkeit dieser Erzählungen zu untersuchen, erhält Neri den Auftrag. Er setzt sich sogleich zu Maultier und ist bei sehr bösem Wetter und Weg bald im Kloster. Eingeführt, unterhält er sich mit der Äbtissin, die ihm von allen diesen Gnadenzeichen mit vollkommener Beistimmung genauste Kenntnis gibt. Die geforderte Nonne tritt ein, und er, ohne sie weiter zu begrüßen, reicht ihr den kotigen Stiefel hin, mit dem Ansinnen, dass sie ihn ausziehen solle. Die heilige reinliche Jungfrau tritt erschrokken zurück und gibt ihre Entrüstung über dieses Zumuten mit heftigen Worten zu erkennen. Neri erhebt sich ganz gelassen, besteigt sein Maultier und findet sich wieder vor dem Papst, ehe dieser es nur vermuten konnte ... Sie ist keine Heilige! ruft er aus, sie tut keine Wunder! denn die Haupteigenschaft fehlt ihr, die Demut", notiert der deutsche Dichterfürst.

Den Gläubigen Selige und Heilige als Vorbilder und Fürsprecher zu geben, fühlte sich in der jüngeren Zeit vor allem Johannes Paul II. (1978–2005) verpflichtet. Der Papst ließ im „Katechismus der katholischen Kirche" festhalten: „Wenn die Kirche gewisse Gläubige heilig spricht, das heißt feierlich erklärt, dass diese die Tugenden heldenhaft geübt und in Treue zur Gnade Gottes gelebt haben, anerkennt die Kirche die Macht des Geistes der Heiligkeit, der in ihr ist. Sie stärkt die Hoffnung der Gläubigen, indem sie ihnen die Heiligen als Vorbilder und Fürsprecher gibt". – „In den schwierigsten Situationen der Geschichte der Kirche standen am Ursprung der Erneuerung immer Heilige", erinnert der Katechismus die Gläubigen. Eindringlich betont er: „Die geheime Quelle und das unfehlbare Maß der missionarischen Kraft der Kirche ist ihre Heiligkeit."

Für das neue Jahrtausend wünschte sich Johannes Paul II. „eine Anerkennung der heroischen Tugenden von Männern und Frauen, die ihre Berufung in der Ehe verwirklicht haben". Überzeugt, dass der Ehestand viele Heilige hervorbringe, sprach er von einem Bedürfnis, „die geeigneten Wege dafür zu finden, dass diese Heiligkeit festgestellt und der Kirche als Vorbild für die anderen christlichen Eheleute vorgestellt werden kann." Mehr als hundert Jahre zuvor hatte Pius IX. (1846–1878) eine Sicht der Ehe getadelt, die eine in ihr gelebte Heiligkeit kaum erwog. Der französische Theologe und Prediger Jean-Baptiste-Henri Lacordaire OP war zu einer Audienz bei Pius XI. vorgelassen worden, bei der er mit dem Papst über Frédéric Ozanam (1813–1853), den Wegbereiter der Laiencaritas und Gründer der ersten Vinzenzkonferenz, sprach. „Mein Freund Ozanam", sagte der Dominikaner traurig, „ist in Falle der Ehe geraten." – „Wie kann das sein?", fragte Pius IX. „Wollen Sie etwa behaupten, unser Herr hätte sechs Sakramente und eine Falle eingesetzt?"

Die Selig- und Heiligsprechungen der katholischen Kirche sind in den letzten Jahrzehnten in die Kritik geraten. Fernsehen, Rundfunk und Zeitschriften greifen immer wieder „spektakuläre" Fälle auf und sparen nicht mit einer negativen Kommentierung. Aber auch innerkirchlich gibt es ablehnende Stimmen. Es wird die Auswahl der Kandidaten bemängelt, auf die (kirchen)politische Brisanz mancher Verfahren hingewiesen und eine „inflationäre Tendenz" beklagt. Kritik wurde jedoch auch schon früher geäußert. Als Philipp Neri, der Liebling des römischen Volkes, im Jahre 1622 gemeinsam mit Ignatius von Loyola, Franz Xaver, Isidor von Madrid und Theresia von Avila heiliggesprochen wurde, hieß in der Ewigen Stadt: „Heute hat der Papst vier Spanier und einen Heiligen zur Ehre der Altäre erhoben."

Einmal Canossa und zurück – Kaiser und Papst

Papst und Kaiser sahen sich seit den Zeiten Karls des Großen (747–814) als Häupter der Christenheit; aufeinander hin geordnet wollten sie gemeinsam Sorge für die Kirche tragen. Der Kaiser besaß ein ausgeprägtes Bewusstsein von seiner Stellung in der Christenheit. Zu seiner Krönung trug er geistliche Gewänder, in der Krone selber befand sich eine der bischöflichen Mitra nachempfundene Kopfbedeckung. In vielen Kirchen beanspruchte der Kaiser einen besonderen Platz, und zwar in dem Raum, der den Klerikern vorbehalten war. War der König oder Kaiser zu Weihnachten in Rom, trug er bei der Matutin *coram Papa,* in Anwesenheit des Papstes, die fünfte Lesung vor; im Reich war es sogar Brauch geworden, dass er zum Fest der Geburt des Herrn die Weihnachtsbotschaft feierlich verkündete, im Gewand eines Diakons.

Dass der Kaiser mit seinem Anspruch, in der Kirche entscheidende Verantwortung zu übernehmen, nicht gänzlich falsch lag, schienen kommende geschichtliche Ereignisse zu bestätigen. In Rom war das Papsttum zum Spielball römischer Adelsgeschlechter geworden. Es war das unbestreitbare Verdienst des Kaisers, dass er eingriff und der Kirche nötige Reformen aufzwang. In der zweiten Hälfte des 11. Jahrhunderts hatte sich das Papsttum von seinen Schwächen erholt und wurde selber zu einer Reformkraft. Nun musste es seinerseits gegen Missbräuche ankämpfen, die sich durch die weltliche Herrschaft eingeschlichen hatten. Ein Problem sollte sogar zum entscheidenden Machtkampf zwischen Kaiser und Papst führen. Es ging um die Einsetzung von Bischöfen. Diese waren für den Herrscher unentbehrliche Stützen des Reiches geworden, also musste er Einfluss darauf nehmen, wer in dieses Amt berufen wurde. So investierte er die Oberhirten seines Landes selber, das heißt, er bekleidete sie mit den Insignien ihrer Vollmacht und besetzte mit ihnen freigewordene Bischofsitze.

1073 wurde der römische Erzdiakon Hildebrand als Gregor VII. zum Papst gewählt. Gregor, ein Mann von scharfem Verstand und großer Willenskraft, hatte sich eine grundlegende Kirchenreform zum Ziel gesetzt. Für den Papst war die Investitur der Bischöfe ein unerlaubter Eingriff in die Verwaltung des geistlichen Amtes. Gregor VII. wies den deutschen König Heinrich IV., der später die Kaiserwürde erlangen sollte, mit einem scharf formulierten Schreiben in die Schranken. Im „*Dictatus Papae*" forderte er: „Der römische Bischof darf allein der allgemeine Bischof genannt werden. Nur er kann Bischöfe einsetzen und absetzen."

Der König wies die päpstlichen Forderungen zurück und fuhr mit der Investitur der Bischöfe fort. Als ihm Gregor VII. die Exkommunikation, den Kirchenbann, androhte, versammelte Heinrich seine Bischöfe 1076 nach Worms und forderte die Abdankung des Papstes: „Ich Heinrich, durch Gottes Gnade König, sage Dir mit all meinen Bischöfen: Steige herab, steige herab, du auf ewig zu Verdammender!" Auf einer römischen Synode reagierte der *Pontifex Maximus* umgehend: „So spreche ich König Heinrich die Herrschaft über das Reich der Deutschen und Italiens ab, löse alle Christen vom Eid, den sie ihm geleistet haben, und untersage, dass ihm fortan irgendjemand als König diene und binde ihn mit der Fessel des Kirchenbannes." Der Streit war eskaliert.

Die deutschen Fürsten erschraken. Sie forderten den König auf, sich dem Papst zu unterwerfen, um sich so aus der Exkommunikation zu befreien. Heinrich IV. war zum Handeln gezwungen. Als sich der Papst nach Deutschland begeben wollte, zog ihm der König entgegen. Auf der Burg Canossa der Markgräfin Mathilde von Tuszien trafen

Heinrich IV. und Gregor VII. im Januar 1077 aufeinander. Drei Tage verharrte der König in einem Büßergewand bei eisiger Kälte vor dem Tor der Burg. „Sowohl Ihr, Heiliger Vater, als auch Heinrich müsst den Weg von Canossa zurückfinden", mahnte die Markgräfin an. Schließlich empfing der Papst den König und söhnte sich mit ihm aus. Aber erst 1122 bahnte sich eine endgültige Lösung im Investiturstreit an. Papst Kalixtus II. und Kaiser Heinrich V. schlossen in diesem Jahr einen Kompromiss, das „Wormser Konkordat".

„Nach Canossa gehen" ist zu einem geflügelten Wort geworden. Gegen Ende des 19. Jahrhunderts charakterisierte es wie eine Ironie der Geschichte das Verhältnis des deutschen Kaiserreiches zur katholischen Kirche. Zu Beginn des Kulturkampfes hatte Reichskanzler Otto von Bismarck im Mai 1872 in einer Rede vor dem Reichstag in Berlin versichert: „Seien sie außer Sorge, nach Canossa gehen wir nicht – weder körperlich noch geistig." Grund für die Worte des Reichskanzlers war ein heftiger Streit mit Rom gewesen. Papst Pius IX. hatte sich der Ernennung des Kardinals Hohenlohe-Schillingsfürst zum Gesandten des Reiches beim Heiligen Stuhl widersetzt. Der deutsche Purpurträger war einer der erbittertsten Gegner des Dogmas der Unfehlbarkeit des Papstes gewesen.

Am 25. August 1885 waren die Karolinen- und Palauinseln in Mikronesien von Deutschland in Besitz genommen worden, ein deutsches Kriegsschiff hatte die Reichskriegsflagge auf der Hauptinsel Yap gehisst und damit den Anspruch auf diese Südseeinseln dokumentiert. Als Begründung nannte man Handelsinteressen. Die beiden Inselgruppen standen zwar offiziell seit über zweihundert Jahren unter spanischer Souveränität, doch hatte es das iberische Königreich unterlassen, diese Souveränität auch tatsächlich auszuüben. Die Besetzung durch das Deutsche Reich verursachte in Spanien einen Sturm der Entrüstung. Die Polemik, die in den Zeitungen beider Länder daraufhin ausgetragen wurde, gewann von Tag zu Tag an Schärfe. Die diplomatischen Noten, die zwischen den Regierungen in Berlin und Madrid ausgetauscht wurden, offenbarten eine derartig aggressive Haltung, dass die Möglichkeit einer freundschaftlichen Verständigung ausgeschlossen zu sein schien. Der Abbruch der Beziehungen und ein Krieg drohten bereits unvermeidlich zu werden.

Eine mehr zufällige Bemerkung des spanischen Ministers Pidal über die Unparteilichkeit Leos XIII. veranlasste den deutschen Botschafter in Madrid, darüber unverzüglich nach Berlin zu berichten. Bismarck besprach sich mit Kaiser Wilhelm I. und machte dem verblüfften spanischen Botschafter in Berlin den Vorschlag, die Angelegenheit einem Schiedsspruch des Heiligen Stuhls zu unterwerfen, da dessen unparteiische Haltung beiden Völkern in gleicher Weise Vertrauen einflöße und dessen Entscheidung von beiden Parteien ohne jeden Prestigeverlust akzeptiert werden könne.

Der Vorschlag wurde unverzüglich der Regierung König Alfons' XII. unterbreitet. Mit einem Telegramm vom 22. September 1885 unterrichtete der Apostolische Nuntius in Madrid den Papst darüber, dass der deutsche Vorschlag den Beifall der spanischen Seite gefunden habe. Leo XIII. setzte eine Kardinalskommission ein, die im Oktober 1885 zu einem Urteil kam, das dem Papst vorgelegt wurde, sich dessen uneingeschränkter Billigung erfreute und umgehend in ein für beide Seiten akzeptables Vertragswerk gefasst wurde. Spanien bekam die Hoheitsrechte über die Inseln zugesprochen, während Deutschland Freiheit in Bezug auf Handel, Schifffahrt, Fischerei, Ansiedlungen und Kohlenniederlagen erhielt. Am 17. Dezember 1885 erfolgte die Unterzeichnung des Vertrages. Zwei Wochen später verlieh der Papst dem deutschen Reichskanzler den sonst nur katholische Monarchen vorbehaltenen Christus-Orden. Leo XIII. begleitete die Übersendung der Auszeichnung mit Worten der Hochachtung für den Kanzler und die seine die Macht des Papsttums anerkennende Weisheit.

Im Norden der Vatikanstadt findet sich der historische Sitz von Radio Vatikan. An einer Außenwand der ehemaligen Sendezentrale bemerkt der Besucher eine Gedenktafel. Im Mittelpunkt des Bronzereliefs thront der Papst, der sowohl dem deutschen Reichskanzler Bismarck als auch dem spanischen Ministerpräsidenten Canova ein Schriftstück überreicht. Im Hintergrund reichen sich Kaiser Wilhelm I. und König Alfons XII. von Spanien die Hand. Das Gedenkbild in den beschaulichen Anlagen der Vatikanischen Gärten illustriert ein Stück Weltgeschichte – ein versöhnliches.

Humbert da Silva Candida und die Legaten des Papstes

Kardinal Humbert da Silva Candida ist empört. Rom und Konstantinopel liegen im Streit, und er soll im Sommer des Jahres 1054 eine Aussöhnung erzielen. Doch kaum ist der päpstliche Legat in der Stadt am Bosporus eingetroffen, schlägt ihm offener Hass entgegen. Der Patriarch verweigert jedes Gespräch und verbietet der Gesandtschaft des Papstes sogar die Feier der heiligen Messe. Auf das selbstherrliche Verhalten des Patriarchen reagiert der Kardinal mit entsprechender Arroganz. Obschon der Papst inzwischen verstorben und damit das Mandat des Päpstlichen Legaten erloschen ist, zieht dieser zur Kirche der *Hagia Sophia* („Heiligen Weisheit") und legt am 16. Juli 1054 in Anwesenheit des Kaisers, der Geistlichkeit und einer großen Volksmenge eine Bannbulle auf den Altar der Basilika und ruft aus: *„Videat Deus et judicet* – Gott sehe es und richte!"* Der Patriarch beruft umgehend eine Kirchenversammlung ein, lässt die Bannbulle öffentlich verbrennen und exkommuniziert nun den Päpstlichen Legaten und sein Gefolge. Das für beide Seiten würdelose Schauspiel ist eines der wenigen unerfreulichen Kapitel in der Geschichte der päpstlichen Diplomatie.

Auf den Provinzsynoden und Konzilien der Antike ließ sich der Bischof von Rom oft durch Legaten, Kleriker der verschiedensten Weihestufen, vertreten. Seit dem 4. Jahrhundert entsandte er Apokrisiare (vom griechischen Verbum *apochrinomai* = „ich antworte") als Botschafter an den kaiserlichen Hof von Konstantinopel. Als die Langobarden und Franken politische Verantwortung im weströmischen Reich übernahmen, fanden sich päpstliche Gesandte auch an deren Höfen ein. Bedeutenden Missionaren räumten die Päpste die Stellung eines Apostolischen Legaten ein; Augustinus von Canterbury († 604/605) versah dieses hohe Amt für Britannien, Bonifatius († 754), der Apostel Deutschlands, für Germanien.

Im 11. Jahrhundert wurden die päpstlichen Legaten zu wichtigen Instrumenten für die Durchführung der Kirchenreform und der Verbreitung der Ideen einer *libertas ecclesiae,* der „Freiheit der Kirche". Die bedeutenden Reformsynoden dieser Zeit fanden unter ihrem Vorsitz statt. In den beiden folgenden Jahrhunderten nahmen die Gesandten Roms eine zentrale Rolle in der Bekämpfung von Häresien ein; die Kreuzzüge begleiteten sie als Stellvertreter des Papstes. Mit dem Beginn des

16. Jahrhunderts wurde eine neue Phase des päpstlichen Gesandtschaftswesens eingeleitet, die Schaffung dauernder Vertretungen des Papstes bei den weltlichen Mächten.

Das Gesandtschaftswesen des Apostolischen Stuhls bestand auch nach dem Zusammenbruch der weltlichen Herrschaft des Papstes (1870) fort. Die Stellung des Heiligen Stuhls als unabhängiges Völkerrechtssubjekt wurde nur von wenigen angefochten. So genoss er weiterhin das aktive und passive Gesandtschaftsrecht, d. h. er schickte seine Vertreter außerhalb Roms und empfing die Vertreter fremder Staaten. Seine einzigartige Stellung in der Völkergemeinschaft wurde geschätzt und benötigt. Durch die Lateranverträge von 1929, die eine Aussöhnung der Kirche mit dem Königreich Italien zum Ziel hatten, kam es zur Gründung des souveränen „Staates der Vatikanstadt". Aber der Abschluss der Lateranverträge war nur ein Aspekt, warum dann immer mehr Staaten volle diplomatische Beziehungen zum Heiligen Stuhl aufnahmen; die Gründe lagen nicht zuletzt in der leidenschaftlichen Friedenspolitik und dem sozialen Engagement der Päpste.

In der internationalen Politik und bei kriegerischen Auseinandersetzungen ist der Papst zwar aufgrund der Lateranverträge von 1929 zur Neutralität verpflichtet; sollten jedoch die beteiligten

Parteien um die Vermittlung des Heiligen Stuhls ansuchen, kann der Papst einer solchen Bitte entsprechen. Eine erfolgreiche Vermittlung konnte im sogenannten „Beagle-Konflikt" erreicht werden: 1978 wäre es wegen eines Gebietsstreites beinahe zu einer kriegerischen Auseinandersetzung zwischen Argentinien und Chile gekommen; Kardinal Antonio Samorè gelang es, als persönlicher Vertreter des Papstes eine gerechte und friedliche Lösung herbeiführen. Wie stark und willkommen das Engagement des Heiligen Stuhls sein kann, zeigte sich 1975 während der Konferenz für Frieden und Sicherheit (KSZE) in Helsinki, bei der Erzbischof Agostino Casaroli. der damalige Substitut im Päpstlichen Staatssekretariat und Architekt der vatikanischen Ostpolitik, zeitweilig den Vorsitz führte. Es waren die Vertreter des Papstes, die bei dieser Konferenz mit ihrem Einsatz um die Menschenrechte Grundlagen für ein neues Europa erkämpften.

Die Gesandten des Papstes bewiesen Mut. Als der Erste Weltkrieg zu Ende ging, riefen in München die Spartakisten die „Bayerische Arbeiter- und Soldatenrepublik" aus und terrorisierten die Stadt. Der bayerische König war geflohen; das Diplomatische Korps fast gänzlich abgereist. Der einzige Diplomat, der in der bayerischen Metropole weiterhin ausharrte, war der Apostolische Nuntius, Eugenio

Pacelli, der 1939 als Pius XII. den päpstlichen Thron besteigen sollte. Nicht einmal als die Soldaten der neuen „Republik" in die Nuntiatur eindrangen, verließ der Gesandte seinen Posten. Mit vorgehaltenem Revolver hatten die Spartakisten versucht, den unbeeindruckten Nuntius aus München zu vertreiben.

Auch in den Staaten Osteuropas, die nach dem Zweiten Weltkrieg von der Roten Armee „befreit" und unter kommunistische Herrschaft geraten waren, verblieben die Nuntien auf ihre Posten. Sie hatten weder an eine Flucht vor den nationalsozialistischen Besatzern noch vor den Statthaltern Moskaus gedacht. Erst als die neuen Machthaber sie zu *personae non gratae,* „unerwünschten Personen", erklärten, verließen sie gegen ihren erklärten Willen das Land. Nicht einmal bewaffnete Auseinandersetzungen waren für die Vertreter des Papstes ein Grund, ihrer Mission ein Ende zu setzen. Während des ersten Golfkrieges verblieb nur eine Handvoll ausländischer Gesandter in der irakischen Hauptstadt; unter den wenigen traf man den Apostolischen Nuntius, Erzbischof Marian Oles, an. Noch heute wird sein Name bei der Bevölkerung Bagdads in Ehren gehalten – „Vater Nuntius war unser Freund!"

Selbst demokratische Staaten scheuten sich nicht, das Völkerrecht zu verletzen und gegen diplomatische Vertretungen des Heiligen Stuhls vorzugehen. Im Dezember 1989 erlebt Panama eine US-amerikanische Invasion. Dem Staatschef des Landes, General Manuel Noriega, gelingt am Heiligabend die Flucht in die Apostolische Nuntiatur, wo er um Asyl ansucht. Truppenverbände des „US Southern Command" umstellen binnen weniger Stunden das Gebäude der päpstlichen Vertretung. Da die amerikanischen Verbände es nicht wagen können, in das exterritoriale Gebiet einzudringen, entscheiden sie sich für einen beispiellosen Psychoterror. Soldaten zerschießen sämtliche Laternen und Lampen rund um das Nuntiaturgebäude. Riesige Lautsprecher und Gettoblaster werden aufgestellt und die Nuntiatur mit ohrenbetäubender Rockmusik beschallt. Als erstes Musikstück ertönt Guns'n'Roses' „Welcome to the jungle", dann folgen „Crying in the Chapel" und „Go to Hell".

Georgij Wassiljewitsch Tschitscherin, Außenminister der Sowjetunion, hatte sich zu Beginn des Jahres 1924 in einem Brief über die Qualität der päpstlichen Diplomatie geäußert: „Wir Kommunisten sind ganz sicher, über den Londoner Kapitalismus triumphieren zu können. Doch Rom wird sich als härtere Nuss erweisen. Wenn es Rom nicht gäbe, könnten wir mit all den verschiedenen Spielarten des Christentums fertig werden. Aber Rom entsendet zur Pflege seiner Religion Vertreter sämtlicher Nationalitäten. Sie sind wirksamer als Kanonen und Armeen. Der Ausgang dieses Kampfes ist ungewiss. Gewiss ist, dass er lange dauern wird."

Die Kardinäle
„Pars corporis Papae" –
Teil des päpstliches Leibes

Die Kardinäle haben die Aufgabe, dem Nachfolger Petri bei der Ausübung seines apostolischen Amtes, das ihm im Dienst an der Kirche anvertraut ist, helfend zur Seite zu stehen. Nicht ohne Grund bezeichneten die Päpste in alten kirchlichen Dokumenten das Kardinalskollegium als *pars corporis Nostri"*, sagte Benedikt XVI. bei einer Feier zur Ernennung neuer Kardinäle. Von Petrus Damianus stammte die Forderung, die römische Kirche müsse in ihrer Verwaltung die antike Kurie der Römer nachahmen. So wie das römische Recht die Senatoren des kaiserlichen Rom als *pars corporis Imperatoris* (Teil des kaiserlichen Leibes) ansah, so wurden die Kardinäle als *pars corporis Papae* (Teil des päpstlichen Leibes) betrachtet. In antiken Gesetzestexten fand sich für den Senat eine Bezeichnung, die in den Sprachgebrauch der Kirche überging: *„consistorium"*. Noch heute ist das Konsistorium eine bedeutende Beratungs- und Entscheidungsinstanz des Papstes.

Wer aber sind die Kardinäle? Was macht ihren Rang aus? Die Ursprünge gehen auf den alten stadt-römischen Klerus zurück. Die Kardinäle sind her-vorgegangen aus den Vorstehern der Diakonien und den Presbytern der Titelkirchen Roms sowie den Bischöfen der suburbikarischen, der vor den Toren der Ewigen Stadt gelegenen Diözesen. Vom 6. Jahrhundert an hat die Kirche das Adjektiv „car-dinalis" (von *cardo, -nis, m.* – die Türangel) zur Be-zeichnung der Priester und Diakone verwendet, die unter der Geistlichkeit eine hervorragende Stellung einnahmen. „Wie die unbewegliche Angel, die die Tür nach vor- und rückwärts sich öffnen lässt, so besitzen der heilige Petrus und seine Nachfolger die unbehinderte Urteilsfähigkeit über die gesamte Kirche ... seine engsten Mitarbeiter werden deshalb Kardinäle genannt, weil sie fester der Türangel zugehören, durch die alles Bewegung empfängt", merkt Humbert da Silva Candida im 11. Jahrhun-derts an.

„*Cardinales creantur* – Kardinäle werden kre-iert", heißt es in den kirchlichen Gesetzestexten. Sie sind „Kreaturen" des Papstes, seine alleinigen „Geschöpfe". Dennoch konnten manche von ihnen den Päpsten den Eindruck vermitteln, sie seien die wahren Lenker der Kirche. Als man Klemens VII. (1523–1534) den Tod des Kardinals Pompeo Colon-na, der auf ihn immer Druck auszuüben versucht hatte, meldete, soll er erleichtert ausgerufen haben: „Jetzt bin ich endlich Papst!"

Die Kardinäle wirkten an exponierter Stelle. Das weltliche Zeremoniell gestand ihnen den Rang von „Prinzen königlichen Blutes" zu. Aber auch die Kronprinzen der Kirche mussten sich kirchlichen, weltlichen – und persönlichen Angriffen stellen. In Frankreich parierte ein Purpurträger äußerst gekonnt den Spott auf seine Leibesfülle. Ludwig XV., der es liebte, allen Leuten Unangenehmes zu sagen, bemerkte zum Kardinal von Luynes, der klein und dick von Gestalt war: „Ihren Großvater hat der Schlag getroffen, Ihren Vater und Oheim desgleichen. Sie sehen ganz so aus, als ob es Ihnen einmal ebenso ergehen müsste." – „Majestät", gab der Kardinal zurück, „zum Glück leben wir nicht mehr in den Zeiten, als die Könige auch Propheten waren."

Bei der Verleihung des Rotes Hutes als Insignie ihrer Würde ermahnte der Papst die Kardinäle dazu, stets für den Glauben, das Gottesvolk und die Kirche einzustehen, *„usque ad sanguinis effusionem"* – bis zum Vergießen des Blutes". Dass die Farbe ihres Gewandes mehr diesem Auftrag verpflichtet ist als dem Purpur der Herrscher haben in der Vergangenheit unzählige Mitglieder des Kardinalskollegiums unter Beweis gestellt. Sie wurden verfolgt, eingekerkert, gefoltert und ermordet.

Seit 1150 bilden die Kardinäle erstmals ein Kollegium, seit 1179 sind sie es allein, die den Papst wählen. Im Konklave, der Wahlversammlung, in der man sie *cum clavi* („mit dem Schlüssel") einschließt haben sie der Kirche ein neues Oberhaupt zu geben. Wenn auch nicht zwingend vorgeschrieben, folgt dem verstorbenen Pontifex in der Regel ein Mitglied aus ihren Reihen auf den Stuhl Petri. Ihrer besonderen und exklusiven Rolle bei der Kür eines Papstes sind sich die Kardinäle bewusst – auch im Blick, darauf dass die Wahl sie selbst trifft. Kardinal Luigi d'Este (1538–1581) sagte bei jedem Konklave, aus dem er nicht als Papst hervorging, er gebe die Hoffnung nicht auf, denn sein Wappenspruch laute: „*Cum tempore* – Mit der Zeit".

Manchmal half ein Kardinal auch ein wenig bei seiner Wahl nach. Mit gebücktem Oberkörper und auf einen Stock gestützt hatte Kardinal Felice Peretti das Konklave des Jahres 1585 betreten. Der Purpurträger aus dem Franziskanerorden erweckte bei seinen Kollegen einen schwächlichen und erbarmungswürdigen Eindruck; er selber sprach mit kaum hörbarer Stimme unentwegt von seinem bevorstehenden Tod. Da sich die verschiedenen Parteien bei den Wahlversammlungen gegenseitig blockierten, einigten sie sich schließlich auf den kränkelnden Franziskaner als Übergangspapst, von dem sie glaubten, ihn leicht beeinflussen zu können. Nachdem Peretti die nötige Stimmenzahl auf sich vereinigt hatte und man ihn fragte, ob er die Wahl annehme, richtete sich die gebeugte Gestalt zur Verblüffung aller Anwesenden mühelos auf und ein kraftvolles *„Accepto* – Ich nehme an" donnerte den Kardinälen entgegen. Ohne Stock und mit forschen Schritten begab sich der neu gewählte Papst – Sixtus V. (1585–1590) – zu seinem Thron. Als man ihn nach den Grund für die „wundersame Wandlung" befragte, antwortete er: „Als Wir Uns in das Konklave begaben, gingen Wir gebückt, weil Wir die Schlüssel des heiligen Petrus suchten. Nun aber haben Wir sie gefunden!"

Die Senatoren des alten Roms sahen sich der Würde, der *dignitas* und *gravitas* verpflichtet, Tugenden, die für ihr Amt als unverzichtbar angesehen wurden. In dieser Tradition standen dereinst auch die „Senatoren" der Kirche. Ihre ganze Reputation stellten sie in den Dienst an ihr; „die Ehren, die wir empfangen, geben uns die Möglichkeit, jene zu ehren, die sie uns entgegenbringen", bekräftigte noch in der Mitte des vergangenen Jahrhunderts Kardinal Valerio Valeri. Hoffart war diesen Kardinälen in der Regel fremd, „sie beherrschten die Kunst, ihre Würde durch Menschlichkeit zu erwärmen" (Reinhard Raffalt). Die meisten von ihnen waren fromm, hielten den Eid, den sie bei der Verleihung des Purpurs geleistet hatten, und standen treu zum Papst.

Übertriebenen Ansprüchen, eitler Selbstdarstellung und ungehemmten Karrierismus an der Römischen Kurie müsse entgegengewirkt werden, hatte Johannes Paul II. im Dezember des Heiligen Jahres 2000 verlangt, Benedikt XVI. schloss sich dieser Forderung schon zu Beginn seines Pontifikates an: „Die totale und großzügige Verfügbarkeit im Dienst für die anderen ist das Unterscheidungsmerkmal dessen, der in der Kirche mit Autorität ausgestattet ist."

„Fazzoletti" –
Päpste im Kaleideskop
ihrer Zeit

Das Fronleichnamsfest des Jahres 1496 sollte
den Prälaten der Apostolischen Kammer in
Erinnerung bleiben. Am Tag nach der feierlichen
Sakramentsprozession wurden Boten des Papstes
bei ihnen vorstellig. Zwölf Dukaten pro Kopf hätten sie an ihre eigene Kasse zu entrichten, und
zwar binnen kürzester Frist, ansonsten drohe ihnen Ungemach, verkündeten die Kuriere Alexanders VI. (1492–1503). Der Borgia-Papst legte Wert
auf eine würdevolle Liturgie, von der er sich und
seine Umgebung nicht dispensierte. Die Teilnah-
me an den Liturgien des Päpstlichen Hofs wurde
von dem Pontifex „gebieterisch gefordert, jede
Entschuldigung für ein Fernbleiben höchst kri-
tisch überprüft" (Susanne Schüller-Piroli). Dem
scharfen Auge Alexanders VI. war das Fehler der
Kleriker nicht verborgen geblieben, und er fühlte
sich bestätigt und erzürnt, als ihm der Hauptmann
der päpstlichen Leibwache berichtete, man habe

die hochwürdigsten Herren in einer Schänke im Borgo bei Sankt Peter gesehen.

Der Papst war trotz seines umstrittenen Lebenswandels aufrichtig bemüht gewesen, seine religiösen Pflichten aufs beste zu erfüllen. Am Vorabend des Heiligen Jahres 1500 beriet er sich über Stunden mit Johannes Burkhard. Der päpstliche Zeremonienmeister hatte für den Beginn des Jubeljahres eine eindrucksvolle Zeremonie geschaffen, an der Alexander VI. nicht unwesentlich Anteil hatte. Immer wieder machte er Vorschläge und korrigierte Burckhard bei der Wahl der Bibelverse und der Formulierung der Gebete. Das Heilige Jahr sollte mit der Öffnung einer Pforte in Sankt Peter seinen Anfang nehmen, mit der Öffnung einer *Porta sancta,* die den Gläubigen den Zugang zum Gnadenschatz der Kirche erschloss. Bei der Feier im Atrium der Vatikanischen Basilika dürfte der Pontifex noch nicht geahnt haben, dass ausgerechnet sein von ihm so geschätzter *Magister caeremoniarum* für die *legenda nera* verantwortlich sein sollte, die über den Borgia-Papst bis in unsere Zeit verbreitet wird – Johannes Burkhard war von den Orsini, den Todfeinden des Geschlechts der Borgia, gekauft worden

Furchtlos und auf Gott vertrauend zeigte sich Papst Alexander VI. an Bord eines Schiffes. Der Heilige Vater und sein Sohn Cesare Borgia hatten, jeder auf einem anderen Schiff, im März des Jahres 1502 eine Vergnügungsfahrt unternommen. Unter dem Datum des 5. März notierte der Zeremonienmeister des Papstes in seinen Aufzeichnungen: „Am Morgen setzten die beiden Schiffe trotz stürmischem Meer und Wetter die Fahrt nach Corneto fort. Der Herzog verließ in Besorgnis größter Gefahr um die Stunde der Mahlzeit das Schiff, bestieg eine kleine Barke, und ruderte ans Land; hier schickte er um Pferde nach Corneto, mit denen er dann in die Stadt ritt. Der Papst jedoch konnte mit seinem Schiff den Hafen nicht mehr erreichen. Darüber gerieten alle Schiffsinsassen in Angst, und von dem stürmischen Meer beunruhigt, warfen sie sich da und dort auf dem Schiff zu Boden. Nur der Papst blieb fest und unerschrocken auf seinem Sessel an Achterdeck sitzen und betrachtete sich alles; und als das Meer wütend gegen das Schiff anstürmte, sprach er: ‚Jesus!‘ und bekreuzigte sich. Er wandte sich häufig an die Schiffer, daß sie das Essen zum Mahl richten sollten, die sich aber damit entschuldigten, wegen des aufgewühlten Meers und des beständigen Sturmes könnten sie kein Feuer machen."

Im 15. Jahrhundert drohte Sankt Peter zu verfallen. Zwar versuchten die Päpste, das Gotteshaus wiederherstellen zu lassen; aber ihren Bemühungen war nur wenig Erfolg beschieden. Teile der Mauern drohten einzustürzen. Im Süden begann sich die Kirche um fast zwei Meter zu neigen. Und durch das morsche Dach drang Wasser in das Innere der Basilika ein. Julius II. (1503–1513), der Nachfolger Alexanders VI., ist ein Mann der Tat. Er fasst einen waghalsigen Entschluss: Ein Neubau der Peterskirche soll alles bisher Dargewesene in den Schatten stellen. Am 18. April 1506 legt Julius II. den Grundstein zur neuen Kirche. Der Pontifex zeigt auf die Mauern der alten konstantinischen Basilika und ruft den Bauleuten mit schneidender Stimme zu: „Coraggio, nur Mut, reißt mir diese elenden Ruinen nieder!" Der Papst will keine Zeit verlieren, das ehrgeizige Projekt duldet keinen Aufschub. Die größten Meister der Zeit werden in den Vatikan berufen, um ihr Bestes geben: Bramante, Sangallo, Raffael und Michelangelo. „Treibt Eure Männer an, lasst sie Tag und Nacht arbeiten", verlangt Julius II. von seinen Baumeistern.

Wenn es galt, die geistlichen wie weltlichen Rechte des Heiligen Stuhls zu wahren, schien hierfür niemand berufener zu sein als Julius II. Im Sommer des Jahres 1506 hatten sich zwei bedeutende Orte des Kirchenstaates, Perugia und Bologna, gegen den Pontifex erhoben. In blinkendem Harnisch und hoch zu Ross setzte sich der Papst an die Spitze seiner Truppen und zog gegen die aufständischen Städte in den Krieg. Der Waffengang dauerte nicht lange, und schon bald mussten Perugia und Bologna kapitulierten. „Il terribile", den „Schreck-

lichen", nannten die Römer den Papst hinter vor-
gehaltener Hand, jedoch mehr aus Bewunderung
als aus Furcht. Als Julius II. erfuhr, dass die deutschen Kurfürsten den sanftmütigen und frommen
Erzherzog Maximilian von Österreich zum Kaiser
gewählt hatten, meinte er lachend: „So geht es zu in
der Welt. Die Kardinäle im Konklave und die Kurfürsten des Römischen Reiches haben sich offenbar
geirrt: sie hätten Maximilian zum Papst und mich
zum Kaiser wählen sollen."

Von seinem Nachfolger Leo X. (1513–1521) soll der
Ausspruch stammen, Gott habe ihm das Papsttum
verliehen, und nun wolle er es auch genießen. Dabei
war der Ratschlag seines Vater eindeutig gewesen.
Lorenzo il Magnifico hatte Giovanni de' Medici, als
er im Alter von nur siebzehn Jahren zum Kardinal
erhoben wurde, eingeschärft: „Messer Giovanni,
seid immer eingedenk, dass nicht Eure Verdienste,
nicht Euere Klugheit noch Euere Handlungsweise
Euch zum dem gemacht haben, was Ihr seid, sondern dass Gott selbst Euch zum Kardinal berufen
hat. Ihm sollt Ihr Euch durch ein heiligmäßiges,
vorbildliches und ehrenhaftes Leben dankbar erweisen. Ihr müsst ein Mann der Kirche werden und
Ihr müsst das Wohl der Kirche und des Apostolischen Stuhles über alles andere stellen."

Die Humanisten feierten und bejubelten Leo als
Förderer der Künste und Wissenschaften; „die Po-

eten Roms verkündigten den Anbruch des goldenen Zeitalters", schrieb Ferdinand Gregorovius. Auf dem Possessritt zum Lateran, der Besitzergreifung seiner Bischofskirche, konnte der Medici-Papst in Anspielung auf seine beiden Vorgänger – Alexander VI. und Julius II. – und auf seine eigene Person an einem Triumphbogen die in goldenen Lettern geschriebenen Worte lesen: „Einst hat Venus geherrscht, dann kam an die Reihe der Kriegsgott, nun beginnet der Tag, hehre Minerva, für dich."

In dem deutschen Spielfilm „Luther" (2004) wird der Zuschauer mit einer eindrucksvollen päpstlichen Jagdszene konfrontiert. Leo X., dargestellt von Uwe Ochsenknecht, reitet munter einher; hoch zu Ross erledigt er in wildem Ritt einen Eber. Fakt oder Fiktion? Ein wilder und erfolgreicher Jagdritt war Leo X. nicht möglich. Körperliche Unzulänglichkeiten hinderten ihn daran. Anstrengungen riefen beim Papst heftige Schweißausbrüche hervor; die Dienerschaft führte, wann immer Leo sich über sein normales Maß bewegte, eine Unmenge von „*fazzoletti* – Taschentüchern" mit sich. „Ohne sie wäre der Papst ertrunken", vertraute Paride de Grassis, der Zeremonienmeister des Papstes, seinen Tagebüchern an. Auch um die Sehkraft Seiner Heiligkeit hatte es nicht gut gestanden. Antonio de Beatia schrieb am 1. Mai 1518 vom päpstlichen Jagdschloss Magliana aus an die Markgräfin Isabella von Mantua: „Hier tötete er einen überaus großen Hirsch, den man zuvor in Netzen gefangen hatte; der Papst näherte sich ihm zu Fuß, in der einen Hand den Speer, in der anderen die Augengläser."

Das Leben und Wirken der Päpste im Übergang vom 15. zum 16. Jahrhundert ist faccettenreich und wird den kolportierten Berichten aus dieser Zeit nur selten gerecht. Zugegeben, sogar aus geneigter Sicht erscheint vieles in dieser Epoche als skandalös, doch sie hat die Geschichte der Kirche entscheidend mitgeprägt – auch im Guten.

„Begrüßt oder beschossen?" – Hadrian VI.

Hadrian VI, der Nachfolger Leos X., war in einem bewegten Konklave gewählt worden; am 9. Januar 1522 hatten ihn die Kardinäle auf den Stuhl des heiligen Petrus erhoben. Adrian Florensz, im damals zum Heiligen Römischen Reich Deutscher Nation gehörenden Utrecht 1459 als Sohn eines Schiffzimmermanns geboren, Bischof von Tortosa in Spanien und Erzieher Kaiser Karls V., galt als tiefreligiös und von einwandfreiem Lebenswandel – der rechte Mann, um in diesen schwierigen Zeiten das Schifflein Petri zu führen. Die Wahl des gestrengen „Teutonen" stieß bei den Römern jedoch auf wenig Begeisterung. Im Gegenteil, die Volksseele kochte, und die Wut auf die Papstwähler war so groß, dass viele Kardinäle ihre Paläste vor Angst nicht mehr verließen und sich regelrecht verbarrikadierten. Die Stimmung in der Bevölkerung gab ein Spottgedicht auf das Kardinalskollegium wieder: „Oh, Du Verräter des Blutes Christi, / Räuberisches Kollegium, das Du den schönsten Vatikan / Dem deutschen Zorn in die

Hände gelegt hast, / Bricht Dir nicht das Herz vor Schmerz?"

Das neue Oberhaupt der Kirche war in Abwesenheit gewählt worden. Adrian Florensz befand sich in Spanien, als in Rom die Konklaveversammlung zu ihrem Entscheid gekommen war. Die Purpurträger erteilten Paolo Vettori, dem Befehlshaber der päpstlichen Flotte, die Order, den neuen Papst aus Spanien abzuholen. Die Abreise des Papstes aus Spanien wurde durch viele Umstände erschwert, so unter anderen durch die Pest. Zudem war es notwendig geworden, eine starke Flotte zusammenzuführen, die den Pontifex sicher durch den von türkischen Seeräubern heimgesuchten Golf von Lyon nach Italien zu führen vermochte. So entsandten viele katholische Nationen Geleitschiffe. Historiker sprechen von insgesamt fünfzig Schiffen. Auf den Galeeren standen 2.000 Soldaten zum Schutz des Papstes bereit.

Am Abend des 5. August stach die Flotte in See. Die *Capitana,* das Flagschiff des Heiligen Vaters, „war kenntlich durch ein Zelt von karmesinrotem Samt mit dem päpstlichen Wappen" (Ludwig von Pastor). Der Papst nutzte seine Galeere für die Verpflichtungen seines neuen Amtes. Auf der Capitana verfasste er eine nicht unbedeutende Reihe von Briefen an Monarchen und Kirchenmänner; die päpstlichen Schreiben trugen den historisch einzigartigen Vermerk „*ex triremi* – vom Schiffe aus".

An allen Orten, an denen die Flotte des Papstes vorbeisegelte, fanden sich Menschen ein, um das Oberhaupt der Kirche freudig zu begrüßen. Oft näherten sich weltliche und kirchliche Würdenträger auf Booten dem Konvoi, um Hadrian VI. ihre Reverenz zu erweisen. So fuhr der Bischof von Grasse an der Côte d'Azur mit einer Barke zur Galeere des Papstes und übergab dem Heiligen Vater essbare Geschenke, vor allem Orangen und Wein. Als die Flotte mit dem neuen Pontifex Maximus vor der Küste Monacos gesichtet wurde, schossen die Geschütze des kleinen, aber wehrhaften Fürstentums ununterbrochen Salut. Der Kapitän des päpstlichen Flagschiffes vertraute seinen Aufzeichnungen an, der Papst sei an Deck getreten und habe ihn mit einem eigentümlichen Lächeln gefragt: „Werden Wir begrüßt oder beschossen?"

Am 23. August warf die Flotte ihre Anker vor Livorno. Als der Papst dort den Kardinälen Medici, Petrucci, Passerini, Ridolfi und Piccolomini begegnete, wurde ihm klar, welche Aufgaben ihn in Rom erwarteten. Entsetzt und sein Missfallen kaum verbergend, stand er Kirchenfürsten gegenüber, die sich ihm in weltlichem Gewand – bedeckt mit spanischen Hüten und umgürtet mit Waffen – genähert hatten. Nach kurzem Aufenthalt verließ

Hadrian VI. die Stadt. Ende August traf der Papst in Ostia ein. Kaum an Land, beeilte er sich die Kathedrale aufzusuchen, um dort Gott seinen Dank abzustatten. Die Kardinäle hatten für Hadrian im Kastell von Ostia ein opulentes Festmahl bereiten lassen. Der Papst schlug die Einladung aus, speiste alleine und bestieg dann sofort ein Maultier, das ihn nach Sankt Paul vor den Mauern bringen sollte. Auf dem Weg dorthin kamen ihm viele Neugierige und die Schweizergarde entgegen. Am frühen Morgen des 29. August las der Papst in der Basilika des Völkerapostels eine stille Messe – „niemals hatte er dies auch während der beschwerlichen Reise versäumt", merkt Ludwig von Pastor lobend an. Nach dem Gottesdienst fanden sich die Kardinäle in der Sakristei von Sankt Paul zur ersten Huldigung des neuen Pontifex ein.

Von Reformeifer beseelt und in der Einsicht, dass die Erneuerung von Rom ausgehen müsse, ließ Hadrian VI. durch seinen Legaten Francesco Chierigati auf dem Reichstag von Nürnberg Ende 1522 ein umfassendes Schuldbekenntnis ablegen: „Wir wollen allen Fleiß aufwenden, damit zu erst diese Kurie, von welcher vielleicht all dieses Übel ausgegangen ist, reformiert werde, damit, wie von hier die Verderbnis auf alle Untergegebenen übergegangen ist, so auch von hier die Gesundung und Erneuerung ausgeht."

Dem Papst sollte nur eine kurze Regierungszeit beschieden sein, in der er jedoch seinen Idealen treu blieb und seine Umgebung durch einen vorbildlichen Lebenswandel beschämte. Kurz vor seinem Tod, der ihn am 14. September 1523 ereilte, offenbarte er seinem Beichtvater, die beschwerliche Reise von Spanien nach Rom sei ihm eine Vorahnung auf sein Pontifikat gewesen, auf eine stürmische Zeit voller Bedrängnisse: „Werden Wir begrüßt oder beschossen?"

Beigesetzt wurde der Papst zunächst in Sankt Peter; knapp zehn Jahre später überführte man seine sterblichen Überreste in die deutsche Nationalkirche S. Maria dell'Anima unweit der Piazza Navona. „Wehe, wie viel kommt es doch darauf an, in welcher Zeit auch des trefflichsten Mannes Wirken fällt", lautet die Inschrift, die man bei der Grabstätte Hadrians VI. anbrachte.

Päpstliche Geschenke
und die Reformation

Die Kirche des 16. Jahrhunderts bot ein beunruhigendes Bild. Die meisten Bischöfe waren Landesherren. Dass sie in erster Linie als Nachfolger der Apostel der Kirche verpflichtet waren, geriet bei ihnen häufig in Vergessenheit. Die Sicherung und Erhaltung des eigenen Territoriums und ihrer materiellen Güter war für sie oft wichtiger als das Seelenheil der Gläubigen. Als der aus Deutschland stammende Kardinal Nikolaus Cusanus, ein Mann, der für nötige Reformen in der Kirche eintrat, das Bistum Hildesheim aufsuchen wollte, empfing ihn der dortige Oberhirte in voller Rüstung an der Landesgrenze. Der hohe Klerus war mit der Anhäufung von Pfründen beschäftigt und überließ die Seelsorge schlecht bezahlten, ungebildeten und sittlich fragwürdigen Priestern. In die Ordensgemeinschaften hatten zu viele Unberufene Einlass gefunden; in der Stadt und auf dem Land traf man daher überall entlaufene Mönche und Nonnen.

Das religiöse Leben des einfachen Volkes hatte sich veräußerlicht. „Blutende" Hostien und eine exzessive Zurschaustellung des Altarsakramentes lenkten von der eigentlichen Feier der heiligen Eucharistie ab. Ein fanatisches Verlangen nach Wundern mischte sich mit allen nur möglichen Formen des Aberglaubens. Eine regelrechte Sucht nach Reliquien und eine übertriebene Heiligenverehrung taten ein weiteres. Die Päpste erwiesen sich als unfähig, einzugreifen und eine nötige Reform in Angriff zu nehmen. In Deutschland protestierte der Augustinermönch Martin Luther (1483–1546) gegen die zahlreichen Missbräuche in der Kirche. Einer der konkreten Anlässe seines Protests war der Ablasshandel gewesen.

Nach der Lehre der Kirche konnte der Mensch in der Beichte durch den Priester die Vergebung seiner Sünden erhalten. Als Buße bekam er dann sogenannte „Sündenstrafen" auf, die er durch Gebete und fromme Werke ableisten konnte, er bekam dafür einen „Ablass". Der Bau der neuen Peterskirche verlockte nun zu einem großen Missbrauch. Um an Geld zu kommen, wurde der Ablass verkauft. Oft erweckten sogenannte Ablassprediger den Eindruck, als könne man sich sogar von den Sünden freikaufen – „Sobald der Gulden im Becken klingt, im huy die Seel im Himmel springt", hatte der Dominikaner Johann Tetzel verkündet. Das war für den gelehrten Mönch in Wittenberg die Motivation gewesen, sich gegen Rom zu stellen. Durch seine

Auslegung der Heiligen Schrift kam Martin Luther zu der Erkenntnis, dass Gott den Menschen allein durch die Gnade errettet.

Luther legte seine Ansichten öffentlich in 95 Thesen nieder. Als er seine Kritik nicht zurücknahm, verhängte der Papst den Kirchenbann, nachdem er zuvor die Exkommunikation mit einer Bulle angedroht hatte, die mit den Worten begann: *„Exsurge Domine* ... Erhebe Dich, Herr, und richte Deine Sache!"* Nur wenig später erfolgte vom Kaiser aus die Reichsacht. Doch Luthers Landesherr, der Kurfürst von Sachsen, hielt schützend die Hand über ihn. Luther konnte im Geheimen theologisch weiterarbeiten und fand immer mehr Anhänger. Auch viele Fürsten schlossen sich der „evangelischen" Lehre an. Es kam zur Reformation. Im Deutschen Reich entstand eine neue Situation. Es bürgte sich nun ein, dass je nach der religiösen Einstellung des Fürsten ein Land katholisch oder evangelisch wurde. Der Landesherr bestimmte die Konfession und das kirchliche Leben. „Der Herzog von Kleve ist Papst in seinen Landen" war in dieser Zeit ein geflügeltes Wort. Die Auseinandersetzungen um den wahren Glauben führten sogar zu Religionskriegen wie dem Dreißigjährigen Krieg (1618–1648).

Papst Leo X. hatte die Attacken Martin Luthers zunächst als „Mönchsgezänk" abgetan und ihnen keine sonderliche Bedeutung zugemessen. Als die Sache jedoch ernster wurde, griff er zu einer am Päpstlichen Hof üblichen Maßnahme. Er sandte dem Landesherrn des Querulanten ein Ehrengeschenk, eine am Laetare-Sonntag der Fastenzeit geweihte Rose aus Gold. Die „Goldene Rose" sollte ihren Empfänger nicht nur ehren, sondern ihn auch an seine religiösen Verpflichtungen erinnern. Sie wurde bewusst als Mittel der Diplomatie eingesetzt. Leo zeichnete den Kurfürsten von Sachsen, den Schutzherrn Martin Luthers, mit einer geweihten Rose aus, „als Dank und Ansporn für Euren Glauben". Es wird überliefert, dass Friedrich der Weise sie nicht persönlich, sondern nur durch einen Kammerherrn entgegennahm. Ein deutlicher Affront gegenüber dem Papst. Ob es stimmt, wie Luther schadenfroh berichtete, dass der Kurfürst das päpstliche Breve zerrissen habe, ist historisch nicht belegt.

König Heinrich VIII. von England (1491–1547) war den Gedanken Luthers anfangs nicht zugetan und hatte sogar eine kleine Schrift gegen den deutschen Reformator verfasst. Leo X. überhäufte den Monarchen mit päpstlichen Geschenken – dem Titel *„Defensor fidei"* (Verteidiger des Glaubens), einer „Goldenen Rose" und „Schwert und Hut".

„Stocco e berrettone – Schwert und Hut" stellten den Beschenkten in die Reihe der erlauchtesten Strei-

ter für Kirche und Papst. „Durch diesen Helm des Heiligen Geistes und dieses Schwert des Glaubens geschirmt" solle er sich am Kampf gegen die Ungläubigen beteiligen, hieß es in dem Begleitschreiben. „Gürte, du Held, dein Schwert um die Hüfte, kleide dich in Hoheit und Herrlichkeit! Zieh aus mit Glück, kämpfe für Wahrheit und Recht! Furchtgebietende Taten soll dein rechter Arm dich lehren", zitierte der Papst den Psalm 44.

Bei der Überreichung von *stocco e berettone* an Heinrich VIII. kam es zu einem bezeichnenden Zwischenfall. Der König bestand darauf, den Hut aufzusetzen und sich mit dem Schwert zu umgürten. Weder dem Gesandten des Papstes noch den Lordkanzler des Königs gelang es, den Monarchen von diesem Entschluss abzubringen, obwohl allgemein bekannt war, dass die beiden päpstlichen Geschenke zu dieser Zeit nur noch Symbolcharakter besaßen. So konnte das Schwert dem beleibten Herrscher nur mit äußerster Mühe umgürtet werden; und der viel zu große Hut rutschte dem König vollständig über den Kopf. Allein das Wissen um das unberechenbare Temperament Heinrichs VIII. hielt die Umstehenden davon ab, in ein Gelächter auszubrechen. Es zeigte sich, die Ehrengeschenke des Papstes waren nicht überall mehr probate Mittel kirchlicher Diplomatie.

Auch allgemeinere Geschenke des Papstes gerieten in die Auseinandersetzung mit der Reformation, auch die sogenannten *Agnus Dei*, bei den Gläubigen beliebte Devotionalien aus Wachs. „Unter allen sachlichen Sacramentalien nehmen die vom Papste geweihten Wachsfiguren, welche von dem auf ihnen abgedrückten Bilde des Lammes Gottes ihren Namen tragen und durch ihren reinen, jungfräulichen Stoff die unbefleckte himmlische Reinheit der Menschheit Christi sinnbilden, die erste Stelle ein", merkt der katholische Theologe Matthias Scheeben über das *Agnus Dei* an. Der Ursprung dieser wächsernen Medaillons reicht bis in die Frühzeit des Christentums zurück. Schon im 5. Jahrhundert wurde in Rom die Osterkerze zerstückelt und die Wachsstückchen an die Gläubigen ausgeteilt – zum Gebrauch gegen Unwetter und alle möglichen Gefahren des täglichen Lebens.

Protestanten und Anglikaner machten keinen Hehl aus ihrer Verachtung. Martin Luther spottete, das „Agnus Dei, vom Pabst geweihet, soll mehr tun, als Gott selber zu tun vermag". Elisabeth I. von England sprach abfällig von *„popish trumperies – päpstlichem Plunder"*. Wie sehr man jedoch auf der Insel den „päpstlichen Plunder" fürchtete, zeigten die von der Königin erlassenen Gesetze. Die *penal laws* verboten unter Androhung schwerster Strafen die Einfuhr und den Besitz eines Agnus Dei.

Die katholische Kirche bemühte sich auf dem Konzil von Trient (1545–1563) der Reformation ent-

gegenzuwirken. Das Konzil vermied eine dogma-
tische Lehre über die Kirche, aber man legte den
Glauben durch definitive Aussagen über die Sakramente fest. Man hoffte so, Missbräuchen und Fehl-
interpretationen des Glaubens entgegenwirken und
Menschen für die katholische Kirche zurückgewin-
nen zu können. Doch die Spaltung der Kirche war
weiter fortgeschritten und nicht mehr aufzuhalten

Pasquino oder wie man
die Kirche kritisiert

Wenn in der Ewigen Stadt gestrenge Päpste wie Sixtus V. das Sagen hatten und offener Widerspruch als nicht ratsam erschien, übertrugen die Römer ihre Kritik „sprechenden Statuen". Sie hefteten Zettel mit bissigen, zumeist aber auch sehr geistreichen Kommentaren an steinerne Figuren – auf Latein, in Italienisch oder in Romanesco, dem unverwechselbaren Dialekt der Stadt. Die berühmteste dieser Statuen war „Pasquino", ein Torso aus der Antike, der bei der Piazza Navona zur Stimme des Volkes wurde.

Der Brauch, an diese Statue Spottverse zu heften, geht auf die Prozession zurück, die am 25. April, dem Fest des heiligen Evangelisten Markus, am Pasquino vorbeizog. „An diesem Tage pflegten die Priester von San Lorenzo in Damaso auf einem steinernen Sitz in der Nähe jener Figur eine Zeitlang auszuruhen, und weil dieser Sitz zu solchem Zweck mit Teppichen bedeckt wurde, entstand die Sitte, die verstümmelte Statue selbst auszuschmükken. Maler vergnügten sich damit, ihr das Gesicht zu färben und ihr Gewänder anzuziehen, während Literaten Epigramme an ihr Fußgestell hefteten. Der Torso nahm je nach den Veranlassungen der Zeit die wunderlichsten Formen an; er war Minerva, Jupiter, Apollo, Proteus, die Göttin Flora, Harpokrates, der Gott des Schweigens. Im Jahre 1509 redete er in der Gestalt des Janus und trug nicht weniger als dreitausend Epigramme an sich; im folgenden stellte er Herkules dar, welcher die Hydra erwürgt, und zahllose Verse verherrlichten am Tage S. Marco den Papst Julius II. als Bezwinger des venetianischen Löwen. So entstand in Rom eine lateinische Epigrammenliteratur, welche bisweilen, namentlich in späteren Zeiten, von so beißendem Witze war, daß er selbst das Gelächter antiker Satiriker erregt haben würde" (Ferdinand Gregorovius).

Besonders die Päpste waren den Sprüchen des Pasquino ausgesetzt, jedoch nur selten zu ihrer Erbauung und ihrem Amüsement. So mancher Nachfolger des heiligen Petrus soll zumindest im Stillen erwogen haben, die Statue entfernen und zerstören zu lassen. Die meisten Päpste aber waren sich bewusst, dass die Ewige Stadt die Statue brauchte, dass sie ein Blitzableiter für vielerlei Unmut war, der sich sonst wohlmöglich anders – und nicht so gewaltlos – entladen hätte. Viele der Aussprüche des Pasquino sind in die Geschichte eingegangen.

Das Pontifikat Sixtus' V. (1585–1590) bot dem Pasquino und allen anderen sprechenden Statuen der Stadt viel Anlaß, sich immer wieder zu Wort zu melden. Der ehemalige Franziskaner regierte mit eiserner, unerbittlicher Hand. Mit Energie und Durchsetzungsvermögen gelang es ihm, das Banditentum in Rom und in den Päpstlichen Staaten weitgehend zu beseitigen. Die Köpfe hingerichteter Bandenführer ließ er zur Abschreckung bei der Engelsburg aufspießen. Sixtus V. scheute sich nicht, auch lange zurückliegende Verbrechen zu ahnden. Nur anonym wagten es die Römer, über die Strenge des Papstes zu spotten. Eines Tages fand man an den am Aufgang zur Engelsbrücke stehenden Statuen der Apostelfürsten Zettel angebracht, die ein Zwiegespräch wiedergaben: „Warum", fragte der heilige Paulus den heiligen Petrus, „trägst du einen Sack auf den Rücken?" – „Ich mache mich aus dem Staube", war die Antwort, „aus Furcht vor einem Prozeß wegen des Ohres, das ich dem Malchus abgehauen habe."

Papst Urban VIII. (1623–1644) aus dem Adelsgeschlecht der Barberini entriss im 17. Jahrhundert dem römischen Pantheon seinen antiken Bronzeschmuck und benutzte ihn teils zum Guss neuer Artilleriegeschütze für die Engelsburg, teils für den imposanten Baldachin über dem Altar der Peterskirche. Der Kommentar des Pasquino ist bis heute unvergessen: *„Quod non fecerunt Barbari, fecerunt*

Barberini – Was die Barbaren nicht getan haben, brachten die Barberini zuwege."

Der Baberini-Papst erließ in seinem Pontifikat eine Verordnung, mit der er den Tabakgenuss in den Gotteshäusern untersagte. Als der Papst als höchstmögliche Strafe die Exkommunikation nicht ausschloss und sogar eine Überantwortung der Übeltäter an den weltlichen Arm erwog, erntete er den Spott der Römer. An der Statue des Pasquino war zu lesen: „*Contro una foglia portata del vento mostri la tua potenza e perseguiti una stoppia secca* – Gegen ein Blatt, das vom Winde fortgerissen wird, gehst du mit Macht vor, und einen dürren Halm verfolgst du." Der Spruch gefiel dem Papst und er versprach dem Verfasser großzügig fünfhundert Scudi Belohnung. Pasquino antwortete: „Gib sie dem Hiob." Die Worte waren nämlich dem Buch des biblischen Dulders, Kapitel XIII, Vers 25, entnommen!

In das Pontifikat Alexanders VII. (1655–1667) hatte das römische Volk große Hoffnung gesetzt. Der Papst aus dem Geschlecht der Chigi war als Kardinal dem Nepotismus, der Vetternwirtschaft, energisch entgegengetreten. Der erste Verwandte des Papstes, der nach dessen Wahl im Jahre 1655 in der Ewigen Stadt eintraf, wurde jedoch fatalerweise mit dem *Croce di Cavaliere,* einem Ritterkreuz, ausgezeichnet. Die Ordensverleihung war dann von der übrigen Familie des Pontifex als Einladung nach Rom verstanden worden. Pasquinos Kommentar lautete: *„Ecco la croce; tra poco verrà la processione* – Da, seht das Kreuz; in Kürze wird die Prozession kommen!"

An dem Tag, an dem der selige Innozenz XI. (1676–1689) von den Kardinälen auf den Stuhl des heiligen Petrus erhoben wurde, beging die Kirche das Fest des heiligen Apostels und Evangelisten Matthäus. Im Tagesevangelium des Heiligen liest man: „Jesus sah einen Mann mit Namen Matthäus an der Zollstätte sitzen. Er sprach zu ihm: ‚Folge mir!'" Pasquino griff die Bibelstelle auf und bemerkte, die Wahl der Kardinäle sei auf einen Mann getroffen, der „auf einer Bank saß": *„Trovarono un uomo che sedeva al banco".* Doch weit gefehlt, dass der steinerne Spötter nun fromm geworden wäre: Pasquino spielte auf den Vater des neuen Papstes an, der ein einflussreicher und überaus vermögender Bankier gewesen war!

Auch am Konklave selbst beteiligte sich Pasquino. Als sich im Jahre 1721 der österreichfreundliche Kardinal Scotti als einer der aussichtsreichsten Kandidaten für den päpstlichen Stuhl erwies, konnte man folgenden Dialog zwischen Marforio, einer weiteren „sprechenden" Statue der Ewigen Stadt, und Pasquino vernehmen: „Was wird Jesus machen, wenn Scotti Papst wird? – Er wird Deutsch lernen müssen, um seinen Stellvertreter zu verstehen!"

Niemanden nahm es wunder, dass sich Pasquino im Pontifikat Pius' IX. (1846–1878) auch zum Dogma der Unfehlbarkeit des Papstes äußerte: *„Il Concilio è convocato; i Vescovi han decretato, che infallibili due sono: i Moscatelli e Pio Nono* – Einberufen wurde das Konzil, und die Bischöfe haben es beschlossen, dass unfehlbar seien zwei: die Moscatelli und Pius Neun." Moscatelli war ein Hersteller von Streichhölzern und auf seinen Zündholzschachteln stand als Produktgarantie: *„Moscatelli – infallibili* / Moscatelli – unfehlbar".

Auch als Rom nach dem 20. September 1870, dem letzten Tag des alten Kirchenstaates, zwei Herren aufwies, verstummte der steinerne Spötter nicht. Papst und König mussten sich nun den Spott des Pasquino teilen. Und als nach dem Zweiten Weltkrieg eine Republik die Monarchie ersetzte, geriet sie in den Fokus der noch immer lebendigen Statue. Seit mehr als fünfhundert Jahren kommentiert Pasquino das Leben in der Ewigen Stadt. Und man darf getrost sein: der steinerne Spötter wird auch weiterhin seines Amtes walten. Bedenklich, ja besorgniserregend erscheint jedoch der Umstand, dass sich Pasquino heute mehr und mehr in seinem Spott den staatlichen Autoritäten Italiens zuwendet, so als seien Papst und Kurie seiner Aufmerksamkeit kaum noch wert.

Nur noch selten wird die Kirche, der Vatikan einer *pasquinata* für würdig befunden. Als in den

spruch. Es wird berichtet, dass eines Tages ein alter Mönch von Benedikt XIV. eine Audienz erbat und auch erhielt. Mit Tränen in den Augen berichtete der Ordensmann, ein entsetzliches Unheil habe sich ereignet. „Was ist denn geschehen?", fragte der Papst. „Heiliger Vater, mir ist in einer Vision offenbart worden, dass der Antichrist schon geboren ist." – „Und wie alt ist er jetzt?", erkundigte sich der Papst. „Dreieinhalb Jahre, Heiliger Vater." – „Schön", erwiderte Benedikt XIV., „dann geht die Sache meinen Nachfolger an."

Die Gefahren der Aufklärung leugnete und minderte der Papst nicht. Was er in ihr als falsch und zerstörerisch erkannte, nannte er beim Namen. Der Pontifex, der die Antwort auf die neue Lehre in einer Vertiefung des Glaubens und des Wissens sah, erwies sich gegenüber Schmeicheleien, auch denen Voltaires, als nüchtern und bodenständig. Wenn jemand Benedikt XIV. wegen seines Wissens und seines Charakters lobte, pflegte der Papst zu antworten: „Schon gut, ich bin eben wie die Statuen auf der Fassade der Peterskirche: von weitem nehmen sie sich nicht übel aus, man darf sie aber nicht von nahem betrachten!"

Zehn Jahre nach dem Tod Benedikts XIV. besteigt Giovanni Vincenzo Lorenzo Ganganelli als Klemens XIV. (1769–1774) den Stuhl Petri. Bei seinem Ritt zur Besitzergreifung des Laterans kommt es zu einem aufsehenerregenden Zwischenfall. Als sich die feierliche Reiterprozession vom Kapitol zum Campo Vaccino herunter begibt, beginnt, ungefähr auf der Höhe des Mamertinischen Kerkers, der Schimmel des Papstes durch die Jubelrufe und das Händeklatschen des Volkes zu scheuen. Den Magistratsbeamten der Stadt Rom, denen die Zügel auf diesem Abschnitt der Reitstrecke anvertraut waren, gelingt es nicht, das päpstliche Pferd zu bändigen. Der Schimmel bäumt sich so hoch auf, dass der Heilige Vater zu Boden stürzt.

Die Szene muss dramatisch gewesen sein. Der Sturz des Papstes – Klemens fiel auf den Kopf – versetzte dessen Begleitung und alle, die am Prozessionsweg standen, in Angst und Schrecken. Man befürchtete das Schlimmste. Panik drohte aufzukommen. Der Papst rettete die Situation. Fast ohne Hilfe stand er vom Boden auf. Seine ersten Worte sollen gewesen sein: „Das heißt, als Paulus und nicht als Petrus Besitz zu nehmen."

Der einstige umsichtige und kluge Berater der Heiligen Inquisition bemühte sich wie der Völkerapostel dem katholischen Glauben Gehör zu verschaffen und der Aufklärung kraftvoll entgegenzuwirken. Doch er wurde gezwungen, hierfür einen nicht unerheblichen Tribut zu entrichten. Der mächtige und einflussreiche Jesuitenorden hatte sich Frankreich, Spanien, Portugal und Beider Si-

zilien zu Feinden gemacht. Die Herrscher dieser Staaten bedrängten den Papst und forderten von ihm die Aufhebung des Ordens.

Im Sommer des Jahres 1773 erließ Klemens XIV. das Apostolische Breve *„Dominus ac redemptor noster"* und beendete mit ihm die Existenz der 1534 vom heiligen Ignatius von Loyola gegründeten Gemeinschaft. Das päpstliche Schreiben erklärte, „dass die genannte Gesellschaft, die Frucht, wozu sie gestiftet war, nicht mehr erbringen kann". Und da „es kaum mehr möglich ist, dass, solange sie besteht, der wahre und dauerhafte Friede in der Kirche widerhergestellt werden kann", hebe er die Gesellschaft Jesu kraft Apostolischer Autorität auf.

Der Papst hatte mit diesem Schritt einen Orden aufgelöst, der sich neben den drei Gelübden – Armut, Ehelosigkeit und Gehorsam – durch ein viertes zu einem besonderem Gehorsam gegenüber dem Oberhaupt der katholischen Kirche verpflichtet hatte. Mit den Jesuiten verlor Klemens XIV. eine „Kampftruppe", die ihm in der Auseinandersetzung mit der Aufklärung und der Zurückdrängung dieser Weltanschauung mehr als dienlich gewesen wäre. Ironischerweise waren es Staaten, in denen die Aufklärung Fuß gefasst hatte, die den Söhnen des heiligen Ignatius Zuflucht boten. So öffnete einer der eifrigsten Bewunderer Voltaires,

Friedrich II. von Preussen, den geschassten Ordensleuten sein Land.

Andererseits gelang es Rom nicht, zu verhindern, dass sogar in den Staaten, die tief im katholischen Glauben verwurzelt waren, die Aufklärung an Bedeutung und Einfluss gewann. In Österreich erwies sich Kaiser Joseph II. (1741–1790), der Sohn Maria Theresias, als einer ihrer eifrigsten Verfechter. Mit Vehemenz versuchte er sie auch kirchenpolitisch umzusetzen. Der „Josephinismus" griff entscheidend in das Leben der Katholiken ein. Papst Pius VI. (1775–1799) wollte einer solch immensen Bedrohung des Glaubens entgegenwirken. Da Briefe an den kaiserlichen Hof keinerlei Wirkung zeigten, entschied sich der Pontifex zu einer Reise nach Wien. Kaum einer glaubte jedoch, dass dieses Vorhaben von Erfolg gekrönt werde. Als sich Pius VI. zu der Fahrt in die Donaumetropole aufmachte, fragte man Pasquino, was denn der Papst in Wien vorhabe. Der antwortete: „Er geht nach Wien, um zwei Messen zu singen: eine ohne ‚Gloria' für sich, und eine ohne ‚Credo' für den Kaiser."

Im Bann der Französischen Revolution – Napoleon und die Kirche

Dem Katholizismus, ja im Grunde dem ganzen Christentum, stand die Französische Revolution (1789–1799) in unerbittlicher Feindschaft gegenüber. Die Rechte der Kirche und ihrer Gläubigen wurden in einem ungeheurem Maße beschnitten, bekämpft und dann aufgehoben. Eine Kampagne der Entchristianisierung setzte ein. Man ließ überall im Lande die Kirchenglocken einschmelzen und Gottesdienste unterbinden. In Paris sorgten Revolutionsausschüsse dafür, dass alle Gotteshäuser der Hauptstadt, Notre Dame nicht ausgenommen, in „Tempel der Vernunft" umgewandelt wurden. Jean Baptiste Gobel, der Oberhirte der Stadt an der Seine, wurde gezwungen, sein Amt aufzugeben. Vor dem Nationalkonvent legte er die bischöflichen Insignien, Kreuz und Ring, nieder und setzte sich unter dem Jubel der Versammelten die rote Jakobinermütze auf. Der Vorsitzende des Konvents umarmte daraufhin Gobel

und verkündete, dass dieser nun ein „vernunftbe-
gabtes Wesen" geworden sei.

Einen christlichen Jahresverlauf gab es nicht
mehr, er war durch einen Revolutionskalender er-
setzt worden. Man führte Kulte ein, die nicht mehr
auf Christus, sondern auf „große Männer" ausge-
richtet sein sollten. So errichtete man zu Ehren
Marats Altäre und hielt für ihn feierliche Prozessio-
nen ab. Die antichristliche Agitation nahm derart
bedrohliche Ausmaße an, dass Robespierre sich gezwungen sah, die angespannte Lage zu „entschär-
fen". Er befahl dem Nationalkonvent, zu verkünden: „Das französische Volk anerkennt die Existenz
des Höchsten Wesens und die Unsterblichkeit der
Seele." Und doch: Viele tausend Gläubige mussten
dem Wahn der Aufklärung und der Revolution ihren Tribut zollen, sie bestiegen das Schafott und be-
zeugten ihren Glauben unter der Guiliotine.

Auch in der Napoleonischen Zeit blieb die katholische Kirche Frankreichs unter Kuratel. Bonaparte
versuchte die Bande, die sie in der Gemeinschaft
mit dem Heiligen Stuhl hielt, zu durchschneiden.
Vom Klerus wollte man den Eid auf den Staat er-
zwingen. Aber nicht nur das geistig-geistliche Leben der Kirche war bedroht, sondern auch deren
Besitz. Fast überall dort, wo die Truppen des französischen Usurpators siegreich gewesen waren,
kam es zur Säkularisation. Die Kirche verlor bis

1803 alle ihre weltlichen Territorien; die geistlichen Fürstentümer verschwanden für immer von der Landkarte Europas. Mit dem Verlust der weltlichen Herrschaft ging auch der größte Teil des Grundbesitzes und Vermögens der katholischen Kirche verloren.

Pius VI. (1775–1799) hatte Camillo Francesco Massimo mit einer wichtigen Botschaft zu Napoleon Bonaparte entsandt und mit der Wahl des römischen Aristokraten Gelassenheit bewiesen. Der Korse wusste, dass die Familie Massimo behauptete, von dem berühmten Konsul und Heerführer Quintus Fabius Maximus Cunctator (3. Jahrhundert vor Chr.) abzustammen. Er wollte den Gesandten des Heiligen Vaters mit einer Anspielung darauf verunsichern: „Stimmt es, dass sich Ihr Geschlecht auf den Bezwinger Hannibals zurückführt?" – „Es gibt nicht den geringsten historischen Beleg dafür", antwortete der römische Adelige mit unbewegtem Gesicht, „ich weiß nur, dass sich dieses Gerücht seit über zweitausend Jahren in meiner Familie hält."

Frankreich hatte den „geknechteten" Völkern Europas *„secours et fraternité* – Beistand und Brüderlichkeit" im Kampf gegen ihre „tyrannischen" Herrscher zugesichert. Das Versprechen wurde durch eine hemmungslose und brutale Eroberungspolitik eingelöst. Der militärischen Aggression Frankreichs hatten die Päpstlichen Staaten kaum etwas entgegenzusetzen; zu unbedeutend waren Heer und Marine des Papstes. Im Februar 1798 besetzen französische Truppen die Ewige Stadt. Auf dem Kapitol wird der Freiheitsbaum aufgerichtet und die Römische Republik ausgerufen. Den Papst zwingt man, Rom zu verlassen; er stirbt am 28. August 1799 in Valence (Rhonetal). Die Franzosen können sich jedoch in der Ewigen Stadt nicht halten. Schon bald gelingt es englischen und österreichischen Streitkräften, der „Römischen Republik" ein Ende zu bereiten. In Venedig wählen die Kardinäle am 14. März 1800 einen neuen Papst, Pius VII. (1800–1823). Unter dem Jubel der Bevölkerung zieht der Pontifex im Juli des Jahres in Rom ein.

Die ersten Jahre des Pontifikats Pius' VII. sind geprägt durch die Anfeindungen Napoleons. Im Juli 1809 lässt Bonaparte den Kirchenstaat erneut besetzen. Aber es gelingt dem Kaiser der Franzosen nicht, dem Papst seine Gelassenheit und sein Gottvertrauen zu nehmen. Napoleon sendet einen General aus, um mit Pius VII. zu verhandeln – und ihn einzuschüchtern. Der General tritt in das Zimmer des Heiligen Vaters, als dieser gerade bei Tische sitzt. Die ganze Mahlzeit besteht aus einem einfachen Fischgericht. Der Papst hört sich seelenruhig an, was der General in anmaßendem Ton vorbringt, und antwortet: „Herr General, ein

Herrscher, der nur einen Scudo täglich zum Leben braucht, lässt sich nicht so leicht einschüchtern."

Ein zweites Mal in dieser Zeit wird ein Papst gefangengenommen und nach Frankreich deportiert. Trotz dessen militärischer Machtlosigkeit sah der Korse in dem Nachfolger Petri dank der hohen moralischen Reputation des päpstlichen Amtes und dem Ansehen Pius' VII. eine Bedrohung, die er zu kontrollieren gedachte. Während einer erregten Auseinandersetzung zwischen Napoleon und Pius VII. in Fontainebleau entfuhren dem Kaiser im Zorn die Worte: „Wissen Sie auch, dass die Römische Kirche sehr gut ohne Sie auskommen kann?" – „Gewiss", erwiderte der Papst, „genau so gut, wie Frankreich ohne Bonaparte auszukommen vermag".

Auch die Bevölkerung der Päpstlichen Staaten wehrte sich gegen den Kaiser der Franzosen mit der Waffe des Humors, bisweilen in lebensgefährlicher Manier. In einer römischen Schänke hatte ein Einheimischer beim Anblick französischer Soldaten, die die Zeche schuldig blieben, vor sich hergemurmelt: *„Tutti i Francesi sono ladri* – alle Franzosen sind Diebe". Ein Offizier hörte die Worte und stellte sich in drohender Haltung vor dem Wirtshausbesucher hin. Der, schon leicht angetrunken, korrigierte seine Aussage umgehend: *„Non tutti, ma buona parte* – Nicht alle, aber ein guter Teil / Bonaparte."

Im Waterloo-Saal des Königlichen Schlosses zu Windsor ließ König Georg IV. Portraits von allen Monarchen, Staatsmännern und Militärs anbringen, die der Koalition gegen Napoleon angehörten. Unter den Gemälden befindet sich auch ein von Sir Thomas Lawrence angefertigte Bild, das Papst Pius VII. und dessen Kardinalstaatssekretär Ercole Consalvi zeigt. „Welttyrann, du bist vernichtet / Gottes Schwert hat dich gerichtet / Frevel kann nie lang bestehn / Pius musste durch die schweren / langen Leiden sich bewehren / Tugend wird nie untergehn", lobte der deutsche Romantiker Johannes von Müller den Papst.

Christliche Tugend bewies Pius VII. gegenüber der Familie Bonaparte. Niemand in Europa schien bereit zu sein, den Anverwandten des gestürzten Despoten Asyl zu gewähren. Als einziger Herrscher des alten Kontinents zeigte der Papst Erbarmen mit den Ausgestoßenen und nahm sie in Rom auf – unter ihnen *Madame Mère,* die Mutter Napoleons, und den Ex-König Lucien Bonaparte mit seiner Familie. Selbst für den Verbannten auf St. Helena trug der Pontifex Sorge. Er schickte ihm zwei Priester; sie trafen noch rechtzeitig ein, um dem ehemaligen Kaiser der Franzosen die Sterbesakramente zu spenden.

„Dieser Papst ist mein Ruin!" – Vom Ende des Kirchenstaates

Napoleon Bonaparte hatte durch seine Eroberungspolitik das historische Gefüge des Kontinents erheblich gestört. Nach dem Sturz des Korsen stellte der Wiener Kongress (1815) die alte Ordnung jedoch größtenteils wieder her – auch die Päpstlichen Staaten erschienen erneut auf der Landkarte Europas. Aber schon bald wurde in Italien durch liberale und aufklärerisch orientierte Kräfte ein Nationalbewusstsein geweckt, das sich in dem Streben nach staatlicher Einheit äußerte. Der Kirchenstaat blieb von dieser Entwicklung nicht verschont; gegen das *dominium temporale,* die weltliche Herrschaft der Päpste, wurde nun mit großen Anstrengungen zum Kampf aufgerufen. Nicht immer taten sich die Päpste leicht, auf neue Erfordernisse einzugehen. Manchmal waren sie wie andere Souveräne auch versucht, das Leben ihrer Untertanen bis ins Unbedeutende zu regeln – und maßzuregeln.

Als Leo XII. (1823–1829) eine Verordnung erließ, die es den Römern untersagte, Wein in einer Osteria zu trinken, wenn sie nicht dazu ein volles Mahl verzehrten, gerieten die Bewohner der Ewigen Stadt in höchste Erregung. Und als der Papst sogar befahl, Gitter an den Gasthäusern anzubringen, um die Nur-Trinker von den Osterien und Trattorien fernzuhalten, brach für die Römer eine Welt zusammen, konnte man doch nicht mehr, wie gewohnt, „schon am Nachmittag um drei in die Osteria gehen und dort bei vielen schönen ‚mezzolitri' [halben Litern] bis tief in die Nacht sitzen bleiben" (Reinhard Raffalt). In diesen Tagen verschwand die Statue des Pasquino unter einer Flut von Zetteln, die an dem armen Papst kein gutes Haar ließen.

Dem Nachfolger Leos XII., Papst Pius VIII. (1829–1830), war nur ein kurzes Pontifikat beschieden; er regierte neunzehn Monate. Schon bald nach seiner Krönung war der Heilige Vater erkrankt. Beim Volk erwarb sich der Pontifex unsterbliche Verdienste. Er hob viele der gestrengen Gesetze seines Vorgängers wieder auf. Beim Ableben des Papstes trauerten die Römer ehrlichen Herzens. Und sogar Pasquino stattete dem verstorbenen Pontifex seinen Dank ab: „Wie dann der höchste Pius vor Gottes Angesicht erschienen ist, hat ihn der liebe Gott gefragt: Was hast Du denn gemacht? Die Antwort war: Gar nichts habe ich gemacht. Die Engel aber wußtens besser: Die Gitter wenigstens hat er verschwinden lassen."

Keiner der Päpste des 19. Jahrhunderts ist so häufig mit den Attribut „reaktionär" versehen worden wie Gregor XVI., der von 1831 bis 1846 auf dem Stuhle Petri saß. Zu Unrecht, denn es waren mehr die Männer in der Umgebung des Papstes, die den schlechten Ruf Gregors begründet oder zumindest mitbegründet hatten. Im Oktober 1845 besuchte der als fortschrittsfeindlich gescholtene Pontifex das Collegio de' Nobili in Tivoli. Er ließ sich in dem von Jesuitenpatres geführten Institut eingehend über das neue Medium der Fotografie informieren und bat sogar darum, dass man ihm die seltsamen Apparaturen vorführe. Um von dem Papst ein Bild zu machen, dafür war wohl der Aufenthalt Gregors im Kolleg der Jesuiten zu kurz bemessen – und die Zeit noch nicht reif.

Nach dem Tode Gregors XVI. zogen sich die Purpurträger am 14. Juni 1846 im Quirinalspalast zum Konklave zurück. In Rom schaute man mit großer Sorge auf die Wahlversammlung. Übermächtig war die Furcht, dass der Staatssekretär des verstorbenen Papstes, Luigi Lambruschini, gewählt werden würde. Lambruschini war im Kirchenstaat äußerst unbeliebt und für viele unglückliche Entscheidungen verantwortlich gewesen. Nach nicht einmal 48 Stunden wurde jedoch Giovanni Maria

Mastai-Ferretti im vierten Wahlgang als Pius IX. zum Papst gewählt. Er war der „Kompromißkandidat" der *zelanti* („Eiferer") und der *clementi* („Milden") gewesen. Die Begeisterung über den neuen Papst nahm in Rom und den Päpstlichen Staaten unvorstellbare Ausmaße an, als er einen Monat nach seiner Wahl eine Amnestie für alle politischen Straftäter erließ.

Vor der Entscheidung, eine Generalamnestie zu gewähren, hatte der Papst nach altem Brauch die Meinung der in Rom anwesenden Purpurträger eingeholt. Der Widerstand der Kirchenfürsten war beträchtlich. Selbst die Kardinäle, die Gegner der harten politischen Linie im vergangenen Pontifikat gewesen waren, erhoben Bedenken angesichts einer so weitgehenden Maßnahme. Wortreich und engagiert verteidigte der Papst seine Absicht. Danach brachte er die Angelegenheit zur Abstimmung, die, wie damals üblich, mit weißen und schwarzen Kugeln vorgenommen wurde. Es zeigte sich, dass die Anzahl der weißen Kugeln verschwindend gering war. Pius nahm das weiße Scheitelkäppchen ab, bedeckte damit die schwarzen Kugeln und sagte lächelnd: „Nun sind sie alle weiß." Wie ungewöhnlich die päpstliche Generalamnestie für die damalige Zeit war, zeigten die Reaktionen europäischer Souveräne, als sie von dem beabsichtigten Gnadenakt erfuhren. Der österreichische Gesandte wurde mehrfach bei Pius IX. vorstellig und drohte „mit dem allerhöchsten Missfallen Seiner kaiserlich-königlichen Majestät". Der französische Bürgerkönig, Louis Philipp, soll bei der Nachricht mit Schrecken ausgerufen haben: „*Ce pape me perdra* – Dieser Papst ist mein Ruin!"

Notwendige Reformen ging der Papst schnell an. Der Einführung von Eisenbahnen in seinem Herrschaftsgebiet hatte er sich bereits zwei Monate nach seiner Thronbesteigung gewidmet. Die Häfen der Päpstlichen Staaten ließ er nach den modernsten technischen Erkenntnissen erneuern und ausbauen. Auch umfangreiche Anstrengungen im Straßenbau gehen auf seine persönliche Initiative zurück. Die öffentliche Gasbeleuchtung ordnete er schon 1847 an. Wissenschaft und Forschung lagen Pius IX. sehr am Herzen. 1850 errichtete er an der Universität von Rom einen Lehrstuhl für Landwirtschaft (vier Jahre später bestellte er für seine Staaten eine Kommission für Landwirtschaft, Gartenbau und Viehzucht). Den Studenten der Universität von Bologna ermöglichte er das Studium der Architektur. Mit großem Interesse und beträchtlicher finanzieller Unterstützung begleitete der Papst das Wirken der Archäologen.

Im Jahre 1863 wurde bei der Porta Portese eine stählerne Zugbrücke über den Tiber erbaut. Der Papst ging ohne vorherige Ankündigung zu der

Eröffnung. Stets an technischen Neuheiten interessiert, wollte er der Zeremonie beiwohnen, die Brücke segnen und die Arbeiter zu ihrem Werk beglückwünschen. Dreimal wurde das neue, gewaltige Bauwerk in der Gegenwart des Papstes von nur vier Männern gehoben und wieder gesenkt. Bei dem Schauspiel war auch Odo Russel, der britische Gesandte beim Heiligen Stuhl, zugegen; in seiner Begleitung befand sich der britische Oberkommissar für öffentliche Arbeiten, Lord John Manners. Der Papst bemerkte zu dem Aristokraten: „Ich freue mich sehr, Sie zu sehen, besonders in diesem Augenblick. Sie werden bei ihrer Rückkehr nach London erzählen können, daß der römische Papst nicht immer beim Beten ist, umgeben von Weihrauch, Mönchen und Nonnen. Sie werden der Königin berichten können, daß Ihrer Majestät Minister für öffentliche Arbeiten eines Tages den alten Papst inmitten seiner Arbeiter überraschte, während er der Eröffnung einer neuen Brücke über den Tiber beiwohnte und selbst den Mechanismus der neuen Erfindung ganz ordentlich erklärte."

Im Advent des Jahres 1869 geschah es das erste Mal in der Geschichte des Domkapitels von Sankt Peter, dass die Kanoniker bei der Verrichtung des Breviergebetes eine der berühmten „O-Antiphonen" ausfallen ließen. Es war die Zeit, in der eine Besetzung des Kirchenstaates durch den italienischen König Viktor Emanuel II. drohte. Die Domherren weigerten sich daher zu singen: *„O Emmanuel, rex et legifer noster, exspectatio gentium et salvator earum, veni ad salvandum nos* – Oh Emanuel, unser König und Gesetzgeber, Erwartung der Völker und ihr Heiland; komm, unser Heil zu erwirken." 1870 kam das Ende der weltlichen Macht der Päpste. Die Truppen des italienischen Königs hatten im Spätsommer den Kirchenstaat umstellt. Am 11. September ließ Viktor Emanuel II. die Grenzen zum Patrimonium Petri überschreiten. Der Papst erteilte die Order, den Kirchenstaat und die Stadt nur solange zu verteidigen, bis die Gewalttätigkeit ihrer Eroberer vor der Weltöffentlichkeit konstatiert sei. Nachdem die italienischen Verbände, allen voran die Bersaglieri, am 20. September nach mehrstündigem Gefecht eine Bresche in die römische Stadtmauer geschlagen hatten, kam aus dem Apostolischen Palast der Befehl, das Feuer einzustellen und die weiße Flagge zu hissen. Nach mehr als tausend Jahren hörte der Kirchenstaat auf zu existieren – vorläufig.

„Rerum novarum" –
Ein Papst nimmt sich der
„neuen Sachen" an

Der Erzbischof von Perugia, Monsignore Gioacchino Pecci, war dafür bekannt gewesen, dass er bisweilen Kritik an den Entscheidungen Roms äußerte. Dies war auch Pius IX. zu Ohren gekommen. Als der Papst Monsignore Pecci im Jahre 1853 den roten Kardinalshut aufsetzte, bemerkte er schmunzelnd: „Ich hoffe, dass dies eine Maßnahme ist, die ausnahmsweise nicht ihre Kritik erweckt". 1878 sollte dann Gioacchino Pecci Pius IX. als Leo XIII. (1878–1903) auf dem päpstlichen Thron nachfolgen.

Als Verwaltungsbeamter im Kirchenstaat, Apostolischer Nuntius in Belgien und Erzbischof von Perugia brachte der Papst ein breites Spektrum von Erfahrungen in sein Pontifikat ein. Die Sorgen der Menschen und der Welt waren ihm vertraut. Das Leben als Christ hatte für ihn nach unumstößlichen Grundsätzen zu erfolgen, die sich durch die kirchliche Tugendlehre jedermann erschlossen. Von dieser Überzeugung und Forderung wollte er niemanden

ausgenommen sehen, vor allem nicht sich selbst –
oder seine Familie.

Kummer bereitete dem Papst sein Neffe Graf Camillo Pecci, der zur Nobelgarde, dem Korps der
adeligen Leibwächter des Bischofs von Rom, ge-
hörte. Der Graf wurde oft in Sportclubs und Varie-
tetheatern gesehen; er galt als Lebemann, der sich
nicht selten in finanziellen Schwierigkeiten befand.
Eines Tages kam die Gattin des Grafen zum Papst
und bat um Rettung aus den Geldnöten. Der Papst
aber blieb kühl. Als daraufhin die verzweifelte Grä-
fin damit drohte, in einem Café-Konzert als Sän-
gerin aufzutreten, sagte Leo XIII. noch kühler: „Es
tut mir leid, dass ich wegen meiner Gefangenschaft
im Vatikan nicht zu dieser interessanten Premiere
kommen kann."

Durch die industrielle Revolution des 19. Jahrhunderts waren die Menschen aus ihrer bisheri-
gen Lebenswelt herausgerissen geworden. Die auf
Landwirtschaft basierende Ordnung begann zu
zerbrechen und die Bindungen an die Handwerks-
zünfte lösten sich mehr und mehr auf. Aus einer zunächst bejubelten neuen Freiheit geriet das Gros der
arbeitenden Menschen in eine neue Abhängigkeit;
sie waren der ungehemmten Macht des Kapitals
hilflos ausgeliefert.

Schon früh hatten Laienvertreter der katholischen Kirche die Arbeiterfrage aufgeworfen. Män-

ner wie Joseph Buß (1803–1878): Der Präsident des Ersten Deutschen Katholikentages (1848), forderte von der Kirche eine umfassende Vereinsbildung zum Schutz der Arbeiterschaft. Aber auch der Klerus blieb nicht unbeteiligt. Es waren Geistliche wie der Arbeiterbischof Wilhelm Emmanuel von Ketteler (1811–1877) und der Gesellenvater Adolf Kolping (1813–1865), von denen erste Fundamente für eine katholische Soziallehre gelegt wurden.

Dass sich die Kirche mit ihrem sozialen Engagement auf dem richtigen Weg gemacht hatte, war aufmerksamen Beobachtern nicht verborgen geblieben. 1869 schrieb Karl Marx nach einer Fahrt durch das Rheinland an Friedrich Engels: „Ich habe mich überzeugt, dass energisch, speziell in katholischen Gegenden, gegen die Pfaffen losgegangen werden muss. Die Hunde kokettieren, wo es passend erscheint, mit der Arbeiterfrage."

Am 15. Mai 1891 setzte Leo XIII. seine Unterschrift unter das päpstliche Lehrschreiben „Rerum Novarum". Mit dieser Enzyklika hatte nun auch der Nachfolger Petri – und mit ihm das oberste Lehramt der Kirche – zur Arbeiterfrage Stellung bezogen. Der Papst sah es für unabdingbar an zu handeln, „weil Unzählige ein wahrhaft gedrücktes und unwürdiges Dasein fristen"; es sei offensichtlich, „dass geholfen werden muss, und zwar, dass baldige ernste Hilfe Not tut".

„Die Arbeiter dürfen nicht wie Sklaven angesehen und behandelt werden", mahnte der Papst an, „und es ist ungerecht, sie mit mehr Arbeit zu beschweren, als ihre Kräfte tragen können, oder Leistungen von ihnen zu fordern, die mit ihrem Alter oder Geschlecht in Widerspruch stehen". Einem jeden sei ein gerechter Lohn zu zahlen, „denn dem Arbeiter dem ihm gebührenden Lohn vorzuenthalten, ist eine Sünde, die zum Himmel schreit".

Der Behauptung bestimmter politischer Kreise, „der private Besitz müsse aufhören, um einer Gemeinschaft der Güter Platz zu machen", hält der Papst entgegen: „Indem der Arbeiter Kräfte und Fleiß einem anderen leiht, will er für seinen eigenen Bedarf das Nötige erringen; er sucht also ein wahres und eigentliches Recht nicht bloß auf die Zahlung, sondern auch auf freie Verwendung derselben ... Das Recht zum Besitze privaten Eigentums hat der Mensch von der Natur erhalten."

Leo XIII. besaß ein Faible für technische Neuheiten. So ließ er sich bereitwillig fotografieren und auch als erster Papst der Geschichte in den Vatikanischen Gärten filmen. Der greise Pontifex führt seine Kirche in die Moderne. Doch über den Fortschritt vergaß er nie die Tradition. So sah der Schöpfer zahlreicher lateinischer Gedichte keinen Widerspruch darin, in einer Mußestunde in der Sprache des alten Rom die Fotografierkunst, die *ars photographica,* zu preisen. 1897 ließ Leo das erste vatikanische Elektrizitätswerk errichten. Eine Wasserturbine erzeugte bescheidene 7 Kilowatt, die jedoch für die damalige Zeit eine durchaus beachtliche Leistung waren. Die Turbine war mit einem Generator von 25 PS und einer kleinen Akkumulatoren-Batterie verbunden; mit ihr konnten 600 Lampen im Vatikan versorgt werden. Aber auch den Fortschritt in der Medizin wusste der Papst zu schätzen.

Die Nachricht von einer bevorstehenden Operation Leos XIII. gegen Ende des Pontifikates hatte sich wie ein Lauffeuer in der Ewigen Stadt verbreitet. Kardinalstaatssekretär Rampolla empfing das Diplomatische Korps und gab ihm beruhigende Versicherungen, denen aber wenig Glauben geschenkt wurde – zumal die Diplomaten in den Vorzimmern der päpstlichen Gemächer den Kardinalkämmerer mit seinem gefürchteten Kästchen sahen. In dem Kästchen befand sich ein silberner Hammer, mit dem der Kämmerer dreimal an die Stirn des verstorbenen Papstes zu klopfen und die rituelle Frage zu stellen hatte: „Gioacchino, lebst Du noch?" – erst danach durfte er den Tod des Papstes offiziell verkünden: „*Vere, papa mortuus est* – Der Papst ist wahrhaft tot." In den Räumen des Apostolischen Palastes fanden sich immer mehr geistliche und weltliche Würdenträger ein. Die Journalisten waren in Alarmzustand versetzt und belagerten den Vatikan. Das römische Telegraphen- und Telephonnetz war binnen kurzer Zeit überlastet und drohte zusammenzubrechen. Als Leo XIII. nach dem Eingriff aufwachte, schickte er seinen Kammerdiener Pio Centra mit einer eindeutigen Botschaft in die päpstlichen Vorzimmer: „Seine Heiligkeit denken heute noch nicht daran, das Paradies persönlich kennen zu lernen."

Fische reden nie ...
Mission in neuerer Zeit

Im zweiten Jahrtausend tauchten bei der Missionierung der Neuen Welt, Afrikas und Asiens neue Probleme auf. So war die Entdeckung, Eroberung und Kolonisierung neuer Länder geprägt durch die Dualität von religiös-missionarischem Eifer und politisch-wirtschaftlichen Interessen. Der Konflikt zwischen dem Verkündigungsauftrag und brutalen materiellen Interessen wurde auch den Missionaren bewusst. Geistliche wie Bartolomé de las Casas waren entsetzt über die blutigen Massaker an den Eingeborenen und über deren unmenschliche Versklavung; sie bemühten sich, die Indianer unter den Schutz der Kirche zu stellen. In Paraguay entstanden um das Jahr 1610 die Jesuitenreduktionen (auch „Jesuitenstaaten" genannt), auf den Grundlagen kollektiver Wohlfahrt und christlicher Lebensführung basierende indianische Gemeinwesen, die den Sklavenjägern über ein Jahrhundert lang mit Erfolg Widerstand leisteten. Dieses „heilige Experiment" blieb jedoch eine Ausnahme.

Die Verknüpfung von missionarischem Bewusstsein und weltlichen Interessen zieht sich bis in die Neuzeit wie ein roter Faden durch die Geschichte der kirchlichen Mission. Die Missionare waren mehr oder weniger gezwungen, mit den jeweiligen Kolonialmächten auf gutem Fuß zu stehen; besaßen aber oft auch selber ein starkes Nationalbewusstsein. 1850 schärfte der Apostolische Vikar der Mandschurei, der Franzose Véroles, seinen Priestern ein: „Will man ein echter Missionar sein, muss man Franzose bleiben." Eine Mentalität, an der sich noch ein halbes Jahrhundert später nicht viel geändert hatte. Stolz bekannte der aus Frankreich stammende katholische Bischof von Peking im Jahre 1900: „Man wird immer ein französisches Konsulat neben der Kirche erblicken und die Trikolore das katholische Kreuz schützen sehen."

Männer der Kirche hatten durchaus die Gefahren dieser Vorgangsweise erkannt. So betonte Benedikt XV. 1919 in seinem Lehrschreiben *Maximum illud:* „Die Missionare haben nicht ein Menschenreich zu verbreiten, sondern das Reich Christi. Sie sollen nicht dem irdischen Vaterland Bürger zuführen, sondern dem Vaterland, das droben ist." Doch der Auffassung des Papstes stimmte nicht jeder zu. Selbst in der Umgebung des Pontifex gab es Widerstand. Prälaten der *Propaganda Fide,* der obersten Missionsbehörde des Heiligen Stuhls, versuchten

in einer Audienz redegewaltig, Benedikt XV. davon
zu überzeugen, gemäßigtere, diplomatischere Worte zu verwenden. Die Einwände der Geistlichen
waren wie ein Regenguss auf den Papst herunter-
geprasselt. Nach dieser „Unterredung" führte Benedikt XV. seine Besucher in das päpstliche Arbeits-
zimmer. Der Heilige Vater zeigte auf ein Aquarium
mit einer bunten Schar von Fischen und bemerkte
mit leiser, aber vernehmlicher Stimme: „Das, verehrte Monsignori, sind die Geschöpfe, die ich am
meisten liebe. Sie reden nie."

Mit seinem Rundschreiben *Rerum Ecclesiae* vom
28. Februar 1926 über die Entwicklung der Missio-
nen und der Heranbildung eines eingeborenen Klerus legt Pius XI., der Benedikt XV. vier Jahre zuvor
im Petrusamt nachgefolgt war, Wert auf einen fun-
damentalen Aspekt der Glaubensverkündigung, auf
„das Apostolat Gleicher durch Gleiche". In der Enzyklika „*Evangelii praecones*" aus dem Jahre 1951 setzt
Pius XII. (1939–1958) alle Hoffnung darauf, dass die
Kirche in den Missionsländern in naher Zukunft
„ihre eigene, einheimische Hierarchie aufbaue und
möglichst bald in die Lage komme, ohne Hilfe der
Missionswerke zu leben und zu gedeihen". Auch im
Senat der Kirche setzt der Papst Zeichen. Er beruft
Valerian Gracias, den Erzbischof von Bombay (Indi-
en), und Thomas Tien Chen Sin, den Erzbischof von
Peking (China), in das Kardinalskollegium.

Fernsehberichte, Zeitungsartikel und Bildbänder über das Zweite Vatikanische Konzil (1962–1965) illustrieren anschaulich, wie sehr die Kirche in Afrika, Asien und Ozeanien heimisch geworden ist. Von den zweihundertfünfzig Bischöfen Afrikas dieser Jahre sind siebzig geborene Afrikaner. Die in Sankt Peter tagende Kirchenversammlung verabschiedet auch ein „Dekret über die Missionstätigkeit der Kirche *Ad gentes*". In ihm heißt es: „Das eigentliche Ziel der missionarischen Tätigkeit ist die Evangelisierung und die Einpflanzung der Kirche bei den Völkern und Gemeinschaften, bei denen sie noch nicht Wurzeln gefasst hat. So soll aus dem Samen des Gotteswortes überall auf der Welt wohlbegründete einheimische Teilkirchen heranwachsen, die mit eigener Kraft und Reife begabt sind. Sie sollen eine eigene Hierarchie in Einheit mit dem gläubigen Volk sowie die zum vollen Vollzug christlichen Lebens gehörigen Mittel in einer der eigenen Art gemäßen Weise besitzen und so ihren Teil zum Wohl der Gesamtkirche beitragen."

In der Zeit nach dem Konzil fasste in Lateinamerika die „Theologie der Befreiung" Fuß. Sie versteht sich als „Stimme der Armen" und geißelt die sozialen Ungerechtigkeiten, die das Leben der Menschen bestimmen: Ausbeutung, Entrechtung und Unterdrückung. Gustavo Gutiérrez, Leonardo Boff und Jon Sobrino sind ihre bekanntesten Vertreter. Die Ausrichtung der Befreiungstheologie zielt mehr auf eine reine soziologische Umsetzung des Evangeliums als auf eine Verlebendigung der katholischen Soziallehre. Ihre Durchsetzung schließt nicht immer die Anwendung von Gewalt aus. Für das kirchliche Lehramt war und ist dies kein gangbarer Weg, für einen Papst wie Johannes Paul II. (1978–2005), der in Systemen der Gewalt und der angeblichen Befreiung des Menschen, dem Nationalsozialismus und dem Kommunismus, gelebt hatte, war dieses Verständnis von der Verwirklichung des Glaubens nicht akzeptabel.

Am 5. März 1983 traf der Papst zu einem Pastoralbesuch in Nicaragua ein. Auf dem Flugfeld von Managua, der Hauptstadt des Landes, hatten sich die Spitzen des Staates und der Kirche eingefunden, so auch die Minister des marxistischen Landes. Unter ihnen war Ernesto Cardenal, Priester und Kulturminister der Revolution. Als Johannes Paul II. sich ihm nähert, nimmt Cardenal seine Baskenmütze ab und kniet nieder, um den Ring zu küssen. Der Papst reagiert drastisch, aber auch mutig. Er weiß, dass die Blicke aller Anwesenden auf ihn gerichtet sind, die Fotoapparate der Reporter und die Kameras der Fernsehanstalten ihn im Fokus haben. Er entzieht Ernesto Cardenal seine Hand, erhebt den Zeigefinger, ermahnt den Geistlichen und fordert ihn zur Umkehr auf.

Pius XI. – „Mit dem Teufel verhandeln"

Die Wahl Pius' XI. (1922–1939) fand am 16. Februar 1922 statt. Im 14. Wahlgang des Konklave hatten sich die Kardinäle auf Achille Ratti als neuen Pontifex Maximus geeinigt. Der neue Papst wusste zu überraschen. Noch im Konklave gab er eine Entscheidung bekannt, die die Weichen seines Pontifikates stellte. Nachdem er die Wahl angenommen und seinen künftigen Namen mitgeteilt hatte, unterband er mit einer Handbewegung den aufkommenden Applaus: „Ich möchte noch ein Wort hinzufügen. Vor den Mitgliedern des Heiligen Kollegiums versichere ich hiermit feierlich, dass der Schutz aller Rechte der Kirche sowie aller Vorrechte des Heiligen Stuhles mir ein Herzensbedürfnis ist. In diesem Sinne ist es mein Wunsch und Wille, meinen ersten Segen als Unterpfand des von der Menschheit ersehnten Friedens nicht nur Rom und Italien, sondern der gesamten Kirche und dem ganzen Erdkreis zu spenden. Ich werde ihn von der äußeren Loggia von Sankt Peter aus erteilen."

Nachdem man den Gläubigen auf dem Petersplatz die Wahl Achille Rattis angezeigt hatte, versuchte die Menschenmenge in die Basilika zu ge-
langen, um den ersten Segen des neuen Papstes
zu empfangen. Aus Protest gegen ihre „Gefangenschaft" im Vatikan hatten die Päpste seit dem Ende
des Kirchenstaates (1870) den Segen *urbi et orbi* nur
noch von der inneren Loggia des Domes aus erteilt.
Doch der Zugang nach Sankt Peter blieb verschlos-
sen. Ungläubiges Staunen entstand, und Unruhe
drohte aufzukommen. Doch dann vernahm die
Menge einen leisen Trommelwirbel, dem immer
lauter werdende Marschmusik folgte. Zur Überraschung aller zog auf der Terrasse, die sich über dem
linken Kolonnadenflügel befindet, die Päpstliche
Palastgarde auf. Fast zeitgleich ließ man ein karme-
sinrotes Antependium von der äußeren Loggia herab. Minuten später erschien unter kaum vorstellba-
rem Jubel Pius XI. und spendete seinen Segen.

Die „Römische Frage" für immer zu beantworten, war dem Papst ein Herzensanliegen. Der Pontifex wusste, dass mit ihrer Lösung weit über ein
nationales Interesse Italiens hinaus Signale gesetzt
wurden, der Heilige Stuhl freier und wirkungs-
voller seinen Aufgaben nachkommen konnte. Den
Weg dorthin aber sollte steinig bleiben. Doch das
schreckte den Papst nicht ab. Achille Ratti war ein
leidenschaftlicher und äußerst erfahrener Bergstei-

ger gewesen, der sogar Erstbesteigungen vorweisen konnte. Einem Kardinal, der die Meinung äußerte, die Ziele des Papstes seien zu hoch angesetzt, antwortete Pius XI.: „Wir sind schwindelfrei."

Die Verhandlungen mit Italien fanden unter völliger Geheimhaltung statt. Oft drohten sie zu scheitern. Pius XI. war nicht bereit, jeden Preis zu zahlen. „Entweder so oder ins Archiv", lautete mehr als einmal seine Entscheidung. Bedrohten die italienischen Faschisten die Rechte Gottes und seiner Geschöpfe in existentieller Weise, ließ er die Gegenseite wissen, dass „Wir mit Menschen, die die Dinge so sehen, nicht zu verhandeln beabsichtigen", auch wenn er sich in einer Ansprache an Seminaristen grundsätzlich dazu bereit erklärt hatte, um des Seelenheils willen „mit dem Teufel persönlich zu verhandeln".

Am 11. Februar unterzeichneten Kardinalstaatssekretär Pietro Gasparri für den Papst und Ministerpräsident Benito Mussolini für den italienischen König im Apostolischen Palast des Lateran die „Patti Lateranensi". Die Aussöhnung des offiziellen Italiens mit der Kirche und die Gründung des Vatikanstaates bewegten die ganze Welt. Überall nahm man Anteil an diesem historischen Geschehen. Körbeweise wurden die Telegramme dem Vatikan zugestellt. Pius XI. bestand darauf, über jedes einzelne informiert zu werden, „aber schließlich musste man davon absehen, ihm alle vorzulesen", notierte sein Sekretär. Einige Tage später bemerkte der Papst in einer Ansprache an das Diplomatische Korps: „Es ist eine wirklich eindrucksvolle Tatsache, die Uns gestattet zu sagen, dass nicht nur das italienische Volk, sondern die Völker der ganzen Welt mit Uns sind; eine richtige Volksabstimmung, nicht nur auf nationaler, sondern auf weltweiter Basis."

Pius XI. war ein nüchterner Mann – sich mit Visionen und Prophezeiungen zu befassen, entsprach nicht seinem Naturell. Doch von einer Aufzeichnung aus dem vierzehnten Jahrhundert zeigte sich der Papst dann doch berührt. Der Text enthielt eine Vision der heiligen Birgitta von Schweden: „Ich sah in Rom in der Nähe des Palastes des Papstes von Sankt Peter zur Engelsburg und von da bis zum Hause des Heiligen Geistes und bis zur Peterskirche etwas wie eine Ebene, von gewaltigen Mauern umgeben, und verschiedene Gebäude entstanden entlang dieser Mauer. Dann hörte ich eine Stimme, die sprach: Der Papst, der seine Braut ebenso liebt, wie ich und meine Freunde sie geliebt haben, wird zusammen mit seinen Räten, diesen Ort besitzen, damit er seine Ratgeber freier und in größerer Ruhe zusammenrufen kann."

Pius XI. wurde zum Papst der Konkordate. Verträge mit den Ländern der Erde zu schließen, das Verhältnis zwischen Kirche und Staat zu regeln, war dem Pontifex ein unaufschiebbares Anliegen. Und wenn es auch nicht immer gelang, die in den Abkommen gesicherten Rechte der Gläubigen gegenüber auf Dauer auch durchzusetzen, so besaß man doch durch die Konkordate eine völkerrechtliche Verankerung und einen moralischen Anspruch. Der Papst schloss Verträge mit Lettland, Polen, Litauen, Rumänien, der Tschechoslowakei, Italien, Jugoslawien, Bayern, Baden, dem Deutschen Reich, Österreich und Ecuador sowie mit Frankreich für den Vorderen Orient und mit Portugal für Ostindien.

Auf gravierende Konkordatsverstöße wusste Pius XI. zu reagieren. Mit der einzigen in deutscher Sprache verfassten Enzyklika „Mit brennender Sorge" geißelte er im März 1937 ungewöhnlich scharf die Vertragsbrüche des NS-Regimes. Und als im Mai 1938 Adolf Hitler auf einen Staatsbesuch in Italien eintraf, begab sich der Papst außerplanmäßig in seine Sommerresidenz. Über den „*Osservatore Romano*", der Zeitung des Vatikans, ließ er mitteilen, er sei nach Castel Gandolfo gefahren, weil ihn die römische Luft krank mache. Pasquino stand dem Papst bei. Als der ehemalige österreichische Postkartenmaler und nunmehrige Kanzler und „Führer" des Deutschen Reiches die Ewige Stadt besuchte, waren die Straßen mit Bögen aus Karton dekoriert. Roms „sprechende Statue" kommentierte den Besuch mit den Worten: „*Roma de traventino, vestito de cartone, saluta l'imbianchino, suo prossimo padrone* – Rom, aus Travertin erbaut, mit Karton bekleidet, grüßt den Anstreicher, seinen neuen Herrn."

Der achtzigjährige Bischof von Foligno hatte Pius XI. in einer Audienz gebeten, ihn von der Leitung der Diözese zu entlasten, da ihm die Jahre schon stark zusetzten. Der gleichaltrige Papst gab ihm zur Antwort: „Wir spüren die Jahre nicht!" Auszuruhen, sich zu schonen, widersprach dem Naturell des einstigen Bergsteigers. Zur Erinnerung an die Restaurierungsarbeiten in der Basilika Sankt Paul vor den Mauern, die Pius XI. angeordnet hatte, sollte dort eine Gedenktafel angebracht werden. Der Text der Inschrift wurde dem Heiligen Vater zur Genehmigung vorgelegt. Als er die Worte „*Sedente Pio Papa Undicesimo*" las, rief er laut aus: „Wie, *sedente* (sitzend)? Auf den Beinen, immer auf den Beinen!" Bis kurz vor seinem Tod setzte der Papst alle seine Kräfte für den Glauben und die Kirche ein; am 10. Februar 1939, dem Vorabend des 10. Jahrestages der Versöhnung mit Italien, gab er seine Seele dem Schöpfer zurück

Ein Hirte in dunkler Zeit:
Pius XII.

Am 2. Juni 1935, dem Gedenktag des heiligen Eugenius, schenkte Pius XI. seinem Kardinalstaatssekretär Eugenio Pacelli ein Bild, das die Übertragung der Schlüsselgewalt an den heiligen Petrus darstellte. Der Papst hatte auf dem unteren Rand des Bildes die Widmung geschrieben: „Auch als Wunsch an Eure Eminenz".

Der engste Mitarbeiter Pius' XI. kam aus einer Familie, die schon im alten Kirchenstaat in den Diensten des Heiligen Stuhls gestanden hatte. Trotz der engen Bindung an die Kirche hatte Eugenio Pacelli sein Reifezeugnis nicht an einer katholischen Schule erlangt, sondern an einem staatlichen Gymnasium. Von seinem Elternhaus aus studierte er an den päpstlichen Hochschulen Gregoriana und Sant'Apollinare, aber auch an der liberalen staatlichen Universität Roms. In seiner Laufbahn als päpstlicher Diplomat dürfte ihm dies von großem Nutzen gewesen sein. Im Mai 1917 tritt Eugenio Pacelli das Amt des Apostolischen Nuntius im Königreich Bayern an; im Juni 1920 wird er zum diplomatischen Vertreter des Papstes im Deutschen Reich mit Sitz in Berlin ernannt, unter Beibehaltung seiner Münchener Verpflichtungen.

Ende 1929 wird der Diplomat nach Rom zurückberufen, es stehen die Verleihung der Kardinalswürde und die Ernennung zum Staatssekretär des Vatikans an. „Es ist mir ein aufrichtiges Bedürfnis, Ihnen zu versichern, mit wie herzlichem Bedauern wir alle Sie von hier scheiden sehen", äußert sich Reichspräsident von Hindenburg zum Abschied des Diplomaten. Eugenio Pacelli wird Deutschland immer im Auge und im Herzen behalten. 1933 setzt er im Namen des Papstes seine Unterschrift unter das Konkordat, das die Beziehungen zwischen dem Heiligen Stuhl und dem Deutschen Reich regeln soll. Pius XI. schickt seinen Staatssekretär auf Reisen, zu Kongressen und Feierlichkeiten nach Lourdes, Lisieux, Paris, Budapest, Buenos Aires und New York – als wolle er ihn auf ein noch höheres Amt vorbereiten.

Als sich nach dem Tode Pius XI. die Kardinäle am 2. März 1939 zur letzten entscheidenden, dritten Wahlversammlung begeben, stolpert Kardinal Pacelli über eine Stufe und fällt zu Boden. Einer der Purpurträger, der Zeuge dieses Vorfalls wurde, macht auf Latein die Bemerkung: „O, Vicarius Christi in terris – Oh, der Stellvertreter Christi auf Erden". Gegen 17.15 Uhr steigt weißer Rauch aus dem Kamin der Sixtinischen Kapelle auf. Der neue Papst ist gewählt: Eugenio Pacelli, Pius XII. Zehn Tage später wird er auf der Zentralloggia der Petersbasilika mit der Tiara gekrönt: *„Accipe tiaram ...* – Empfange die mit drei Kronen geschmückte Tiara und wisse, dass Du der Vater der Fürsten und Könige bist, der Lenker des Erdkreises, der Stellvertreter unseres Erlösers, dem Ehre und Ruhm sei in Ewigkeit." Der mit der Tiara verheißenen ungeheueren Machtfülle aber ist eine Ermahnung vorausgegangen. Auf dem Weg zur Krönungsmesse pflegte ein Zeremoniar die feierliche Prozession dreimal anhalten zu lassen, um jedes Mal vor den Augen des Papstes einen kleinen Busch Werg zu verbrennen und ihm zuzurufen: *„Pater sancte, sic transit gloria mundi* – Heiliger Vater, so vergeht die Herrlichkeit der Welt."

„Opus iustitiae pax – Gerechtigkeit schafft Frieden", hat Pius XII. als Wahlspruch für sein Pontifikat gewählt. Vom ersten Tag seiner Regierung an bemüht er sich, ein drohendes Blutvergießen unter den Völkern zu verhindern; auch als schon alles für den Frieden verloren scheint: „Noch ist Zeit! Die Männer, die heute die Verantwortung tragen, müssen die Steuer herumwerfen und wieder miteinander verhandeln ... Wir beschören euch durch das Blut Christi im Namen der Mütter, im Namen der unschuldigen Kinder." – „Mit dem Frieden ist nichts verloren, aber durch den Krieg kann alles

verloren gehen", fleht der Papst am 24. August 1939 über Radio Vatikan.

Während des Krieges will der Papst vor allem eines: helfen. Die Initiativen, die auf Pius XII. persönlich zurückgehen, sind Legion. Mit Kriegsausbruch beginnt das Päpstliche Informationsbüro, ein Hilfs- und Suchdienst für Kriegsgefangene, Internierte und Flüchtlinge, seine Arbeit. In den vom Krieg betroffenen Ländern versucht der Papst, die materielle Not der Menschen zu lindern. Unermüdlich sind seine Anstrengungen, die Angehörigen des Alten Bundes vor Verfolgung und Tod zu verwahren. Als deutsche Truppen von Oktober 1943 bis Juni 1944 die Ewige Stadt besetzen, ordnet er an, vatikanische Besitzungen und kirchliche Häuser für Juden und Verfolgte zu öffnen.

Der 19. Juli 1943 wird den Römern für immer im Gedächtnis bleiben. Amerikanische Bomber werfen eine tödliche Bombenfracht über der Ewigen Stadt ab, hauptsächlich auf das Arbeiterviertel San Lorenzo. Mit einem Auto fährt der Papst zur Unglücksstelle. Er mischt sich unter die Menschen, er tröstet sie und kniet auf einem Trümmerhaufen zum Gebet nieder. Die Menge betet und weint mit ihm. Immer wieder applaudieren die Menschen. Schließlich steht Pius XII. wieder auf. Er geht auf die Leute zu, spricht mit ihnen und verteilt das Geld, das er aus seiner Privatschatulle mitgebracht hat. Adriano Ossicini, Arzt, Partisanenführer, über dreißig Jahre lang Senator im italienischen Parlament und Sozialminister für die unabhängigen Linken, befindet sich an diesem Tag als politischer Häftling im römischen Stadtgefängnis „Regina Caeli". Er berichtet von dem, was sogar im Sicherheitstrakt des Kerkers bekannt wurde: „Ich stand in meiner Isolationszelle. An die Tür gelehnt, hörte ich auf den Korridoren erregte Stimmen, die von der Bombardierung San Lorenzos berichteten. Man sprach darüber, dass sich keiner der faschistischen Größen hatte sehen lassen, und auch nicht der König. Nur der Papst, die Soutane vom Blut der Opfer befleckt, sei da gewesen."

Anfang 1944, als anglo-amerikanische Truppen in Anzio gelandet sind und auf Rom hin marschieren, öffnet die päpstliche Sommerresidenz in den Albaner Bergen ihre Tore. Weit über 10.000 Flüchtlinge finden Zuflucht auf dem exterritorialen Besitz des Heiligen Stuhls. Seine Privatgemächer stellt der Papst werdenden Müttern zur Verfügung – das Schlafzimmer des Pontifex wird zur Hebammenstation. Sechsunddreißig Kinder kommen im Apostolischen Palast von Castel Gandolfo wohlbehalten zur Welt.

„Wie viele Divisionen hat denn der Papst", soll Josef Stalin auf der Konferenz von Jalta (1945) spöttisch gefragt haben, als der Vorschlag aufgekommen war, den Vatikan in die Friedensverhandlungen für ein Nachkriegseuropa einzubinden. Die Äußerung Stalins war dem Heiligen Vater bei einer Arbeitsaudienz von einem Monsignore des vatikanischen Staatssekretariates mitgeteilt worden. Der Papst hatte von seinem Schreibtisch nur kurz aufgeblickt und sich mit dem Anflug eines Lächelns begnügt. Als Pius XII. Jahre später vom Tod des sowjetischen Diktators erfährt, bemerkt er: „Herr Stalin wird also nun unseren Divisionen begegnen."

Nach dem Krieg setzt der Papst eine Vielzahl von Schritten, die den Glauben beleben. In Audienzen, Ansprachen und Lehrschreiben, der Ausrufung eines Heiligen Jahres, dem Beginn einer liturgischen Erneuerung, zahlreichen Selig- und Heiligsprechungen und der Verkündigung des Glaubenssatzes von der leiblichen Aufnahme Mariens in den Himmel zeigt sich unermüdliche Apostolat des Papstes. Am 9. Oktober 1958 stirbt Pius XII. in seiner vor den Toren Roms gelegenen Sommerresidenz. Im Testament des Papstes finden sich die Worte: „Sei mir gnädig, o Herr, nach Deiner großen Barmherzigkeit. Die Vergegenwärtigung der Mängel und Fehler, die während eines so langen Pontifikates und in solch schwerer Zeit begangen wurden, hat mir meine Unzulänglichkeit klar vor Augen geführt."

Am 11. Oktober 1958 gedachte der Patriarch von Venedig, Kardinal Angelo Giuseppe Roncalli, in seiner Bischofskirche San Marco des verstorbenen Pontifex: er hob hervor, über Pius XII. dürfe man mit dem Evangelisten Markus zu recht sagen: „*bene omnia fecit* – er hat alles gut gemacht (Mk 7,37)." Nicht einmal zwei Wochen später wird der Patriarch als Johannes XXIII. auf dem Stuhl des heiligen Petrus sitzen. In einer Privataudienz dankt Pinchas Lapide dem Papst dafür, was er im Zweiten Weltkrieg als Vertreter des Heiligen Stuhls in der Türkei für die Juden getan habe. „Der Papst unterbrach mich einige Male, um mich daran zu erinnern, da er in jedem Fall nur die ausdrücklichen Anordnungen Pius' XII. befolgt habe", merkt der jüdische Religionswissenschaftler an.

Kirche und Judentum –
eine schwierige Beziehung

Ignatius von Lojola (1491–1556), der Gründer des Jesuitenordens, bekannte, dass es für ihn kein größeres Privileg geben könne, als Jude zu sein, weil er dann *secundum carnem* (dem Fleische nach) ein Verwandter Jesu wäre. Diese Sicht war aber in der Kirchengeschichte bedauerlicherweise nicht Allgemeingut. Denn die Kirche hatte bis in unsere Tage hinein eine zweideutige Haltung gegenüber den Juden eingenommen. Einerseits war man sich stets der religiösen Verwandtschaft mit Israel bewusst gewesen und hatte diese auch in ehrenvoller Erinnerung gehalten; andererseits aber war auch nie die „Bosheit" des jüdischen Volkes vergessen worden, die Tatsache, nicht an Christus als den Messias geglaubt zu haben.

In diesem Spannungsfeld konnte sich dann über eine lange Zeit hinaus ein Verhältnis zum Judentum entwickeln, das sich für das Volk des Alten Bundes in einer leidvollen Geschichte niederschlug. Antijüdische Ausschreitungen im Mittelalter waren Produkte eines primitiven Aberglaubens oder es standen ganz einfach wirtschaftliche und politische Motive dahinter, die dann mit religiösen Begründungen verschleiert wurden. Irrige und mit dem Evangelium nicht zu vereinbarende Auffassungen trugen zu einem ungezügelten Hass auf das von Gott erwählte Volk bei. So der Versuch, dem jüdischen Volk den Tod Christi als Kollektivschuld zuzuschieben, oder Vorstellungen von Hostienfrevel, Ritualmorden und Blutmagie. Zur Ehrenrettung der Kirche muss gesagt werden, dass ihre Oberhirten viel unternahmen, um Verfolgungen und Pogrome zu verhindern. Päpste, die im 14. Jahrhundert in Avignon residierten, ließen ihren Palast für verfolgte Juden öffnen und belegten die christlichen Verfolger mit dem Kirchenbann.

Der 13. April 1986 ist für Juden wie Christen ein historisches Datum. In den späten Nachmittagsstunden dieses Tages hatte Papst Johannes Paul II. (1978–2005) den Apostolischen Palast im Vatikan verlassen, um die Synagoge in der Ewigen Stadt aufzusuchen. Der Kilometerzähler des Wagens, der das Autokennzeichen „SCV-1" trug, notierte für die Fahrt zum Lungotevere De'Cenci nur eine kurze Wegstrecke, und dennoch wurde mit ihr eine Distanz von zwei Jahrtausenden bewältigt. Der Besuch Johannes Pauls II. schlug ein neues Kapitel in der Geschichte der jüdischen Glaubensgemeinschaft und der katholischen Kirche auf. Tief bewegt dankte der Papst dafür, „dass Er es im Geheimnis seiner Vorsehung gewollt hat, dass am heutigen Abend in diesem eurem großen Tempel die jüdische Gemeinde, die seit der Zeit der alten Römer in dieser Stadt lebt, mit dem Bischof von Rom und obersten Hirten der katholischen Kirche zusammentrifft".

Zahlreiche jüdische Persönlichkeiten hatten dem Papst in der Synagoge das Geleit gegeben, so auch Sir Sigmund Sternberg. Der britische Geschäftsmann und Philanthrop war vielen der Anwesenden bekannt und hatte deren neugierige Blicke auf sich gezogen – er trug nämlich die Uniform eines Komturs des päpstlichen Gregoriusordens. Sir Sigmund war nur wenige Wochen zuvor von Johannes Paul II. für seine Verdienste im christlich-jüdischen Dialog mit dieser Auszeichnung bedacht worden. Eine jüdische Persönlichkeit in so exponierter Weise an der Seite des Papstes zu sehen, stellte jedoch keine geschichtliche Besonderheit oder Einmaligkeit dar. Seit dem frühen Mittelalter kannte man am römischen Hof das Amt des *archiatra,* des päpstlichen Leibarztes. Bis ins 16. Jahrhundert fanden sich immer wieder Leibärzte mosaischen Bekenntnisses am Hof des Papstes, so der berühmte, aus Spanien stammende und dann in Rom lebende Samuel Sarfadi, der in den Diensten Julius' II. (1503–1513) und Leos X. (1513–1521) stand.

Die Gräuel, die den Juden im 20. Jahrhundert auf so schreckliche und unentschuldbare Weise angetan wurden, nahmen die Päpste für das Volk des Alten Bundes ein, bewirkten ihre Solidarität und ein konkretes Agieren. 1938 erklärte sich Pius XI. (1922–1939) vor Pilgern aus Belgien: „Geistlich sind wir alle Semiten"; der Papst hatte schon zuvor demonstrativ seine Haltung zum Antisemitismus dargelegt und in die von ihm wiederbegründete Päpstliche Akademie der Wissenschaften jüdische Gelehrte als Vollmitglieder berufen. Auf die helfende und schützende Hand Pius' XII. (1939–1958) verwies Johannes Paul II. bei seinem Besuch in der römischen Synagoge, „als sich in den dunklen Jahren der Rassenverfolgung die Pforten unserer Ordenshäuser, unserer Kirchen, des Römischen Seminars, Gebäude des Heiligen Stuhles und des Vatikanstaates selbst weit geöffnet haben, um so vielen von ihren Verfolgern gehetzten Juden in Rom Zuflucht und Rettung zu bieten".

Alle Päpste seit Pius XII. intensivierten ihre Kontakte zum Judentum und empfingen jüdische Persönlichkeiten und Gruppierungen in Audienz. Johannes XXIII. (1958–1963) ließ bei einer Autofahrt, die ihn an der Synagoge vorbeiführte, den Wagen anhalten, um die Schar der Juden, die gerade das Gotteshaus verließen, zu segnen. Das Zweite Vatikanische Konzil, das in den Jahren von 1962 bis

1965 tagte, gab dann den entscheidenden Impuls für ein neues, Vorurteile und Missverständnisse ausräumendes Miteinander.

In ihrer Erklärung über das Verhältnis der Kirche zu den nichtchristlichen Religionen *Nostra aetate* erinnerten die Väter der Kirchenversammlung an das Band, „wodurch das Volk des Neuen Bundes mit dem Stamme Abrahams geistlich verbunden ist". Sie forderten alle Katholiken dazu auf, dafür Sorge zu tragen, „dass niemand in der Katechese oder bei der Predigt des Gotteswortes etwas lehre, das mit der evangelischen Wahrheit und dem Geiste Christi nicht im Einklang steht". Die Konzilsväter stellten klar, dass den Juden als Volk keine ewig während oder kollektive Schuld wegen der „Ereignisse des Leidens Jesu" angelastet werden kann. Im Bewusstsein des Erbes, das sie mit den Juden gemeinsam habe, beklage die Kirche „alle Hassausbrüche, Verfolgungen und Manifestationen des Antisemitismus, die sich zu irgendeiner Zeit und von irgend jemandem gegen die Juden gerichtet haben".

Die Beziehungen des Oberhauptes der katholischen Kirche zur Synagoge von Rom, zu allen jüdischen Gläubigen, werden heute von der Achtung und Liebe zu den „älteren Brüdern" (Johannes Paul II.) getragen. „Wir wissen, dass die Brüderschaftsbande eine ständige Einladung darstellen, sich besser kennen zu lernen und sich zu respektieren", bekräftigte Papst Benedikt XVI. bei einer Begegnung mit französischen Juden. Irritationen, Missdeutungen und Fehleinschätzungen waren in der Vergangenheit nicht zu vermeiden und werden auch in der Zukunft nicht auszuschließen sein. Das jeweilige Verständnis vom eigenem Glauben und dem Weg zu Gott lässt auch weiterhin unterschiedliche Auffassungen zu. Manche von ihnen gewinnen immer wieder von neuem an Aktualität, und manche erfahren ihre Auflösung letztendlich nur durch die Weisheit Gottes.

In früheren Zeiten, zur Zeit des alten Kirchenstaates, boten die Abgesandten der jüdischen Gemeinde dem Papst bei seinem Ritt zur Besitzergreifung des Laterans, der Kathedrale des Bischofs von Rom, ihre Gesetzesrolle dar: „Allerheiligster Vater, wir hebräischen Männer flehen Eure Heiligkeit im Namen unserer Synagoge an, dass wir gewürdigt werden möchten, dass uns das Gesetz, vom allmächtigen Gott dem Moses, unserem Hirten, auf dem Berge Sinai übergeben, möge bestätigt und gebilligt sein, wie auch andere erhabene Päpste, die Vorgänger Eurer Heiligkeit, es bestätigt und gebilligt haben." Der Papst nahm die Rolle entgegen, verehrte sie, las aus ihr einige Worte und erklärte feierlich: „Wir bestätigen das Gesetz, aber Eure Auslegung verdammen Wir, weil der, von dem ihr sagt, dass er kommen werde, gekommen ist, unser

Herr Jesus Christus, wie es die Kirche lehrt und predigt." Die Zeremonie sah nicht vor, dass bei diesem Akt irgendjemand ein „Amen" sprach, denn „Israel selbst wird es sprechen, an dem Tag, den Gott alleine kennt, zu der Stunde, die Er von Ewigkeit her bestimmt hat" (Franz Wasner).

Ein Konzil für die
Kirche in der Welt

Schon kurz nach der Krönung Johannes' XXIII. (1958–1963) kursierte eine Anekdote in der Ewigen Stadt. Ein neuernannter Bischof habe sich beim Papst beklagt, dass ihn die Last der Verantwortung nicht mehr schlafen lasse. Johannes XXIII. antwortete ihm: „Oh, mir erging es auch so, aber dann hat mir mein Schutzengel zugeflüstert: ‚Giovanni, nimm dich nicht so wichtig!'" Seitdem, so der Papst, schlafe er wieder, schließlich leite und lenke der Heilige Geist die Kirche.

Die siebzehn Kardinäle, die sich am 25. Januar 1959 in Sankt Paul vor den Mauern eingefunden hatten, werden wohl an diese Anekdote gedacht haben, als ihnen nach dem Gottesdienst Johannes XXIII. eröffnet, dass er gedenke, ein Ökumenisches Konzil einzuberufen. Die Purpurträger trauten ihren Ohren nicht und schauten sich verblüfft an. Doch sie hatten sich nicht verhört, mit der ihm eigenen Unbekümmertheit ging der Papst das gewaltige Unternehmen an und drei Jahre später trafen Bischöfe, Äbte und Ordensobere aus aller Welt in Rom ein, um an der bisher größten Kirchenversammlung der Geschichte teilzunehmen.

Der Morgen des 11. Oktober 1962 beginnt mit einem heftigen Regen. Doch als die 2540 Konzilsväter gemeinsam mit dem Papst über den Petersplatz in die Vatikanische Basilika einziehen, bricht die Sonne hervor. In der Peterskirche haben erstmals neben Delegationen vieler Staaten und internationaler Organisationen auch Vertreter nichtkatholischer christlicher Gemeinschaften als Gäste und Beobachter Platz genommen. In der Eröffnungsansprache des Konzils zeigt Johannes XXIII. den Sinn und Zweck der Versammlung auf – die fast zweitausendjährige Lehre der Kirche dem Volk Gottes von heute zu erklären.

In sechzehn Texten versuchen die Konzilsväter, den Glauben in eine Sprache zu fassen, die dem Menschen des 20. Jahrhunderts verständlich ist. Alle Dokumente – Konstitutionen, Dekrete und Erklärungen – werden mit überwältigender Mehrheit verabschiedet. Es ist das erste Mal, dass sich ein Konzil einer umfassenden Ekklesiologie (Kirchenlehre) widmet und in der „Dogmatischen Konstitution *Lumen Gentium*" bekennt: „Die Kirche ist in Christus gleichsam das Sakrament, das heißt Zeichen und Werkzeug für die innigste Vereinigung mit Gott und für die Einheit des ganzen Menschengeschlechts." Papst Paul VI. wird die Kirche später „das sichtbare Projekt der Liebe Gottes zur Menschheit" nennen.

In vier Sessionen tagt das Konzil. Wie in früheren Zeiten wird auch auf dieser Kirchenversammlung leidenschaftlich gestritten, bisweilen mit harten Bandagen. Doch man wird immer zu einem Mehrheitskonsens kommen. Johannes XXIII. ist es nicht vergönnt, dem Konzil lange vorzustehen; er stirbt am 3. Juni 1963. Sein Nachfolger, der Mailänder Erzbischof Giovanni Battista Montini, wird es als Paul VI. (1963–1978) weiter und zu Ende führen. Er brachte für diese Aufgabe gute Voraussetzungen mit. Der neue Papst hatte Jahrzehnte an der Römischen Kurie verbracht, verfügte aber als Oberhirte einer bedeutenden italienischen Diözese auch über pastorale Erfahrungen.

„Das Lehramt der Kirche hat im Konzil seine verbindlichen Unterweisungen über eine Reihe von Fragen geäußert, die heute das Bewusstsein und die Tätigkeit des Menschen fesseln. Es ist sozusagen einen Dialog mit ihm eingegangen. Die Kirche hat gewünscht, sich bei allen Gehör zu verschaffen und von allen verstanden zu werden. Sie hat sich nicht nur an den spekulativen Verstand gewandt, sondern hat danach getrachtet, sich in der heutigen Sprache auszudrücken. All dieser Reichtum an Lehre hat sich in einer einzigen Richtung bewegt: dem Menschen zu dienen, dem Menschen in jeder Lage, in jeder Schwäche, in jeder Not", hielt Paul VI. am 7. Dezember 1965 in der Schlusssitzung des Zweiten Vatikanischen Konzils fest.

Papst Paul VI. rief Widerspruch hervor, von allen Seiten. Die päpstlichen Schreiben zum Dialog und zum Fortschritt der Völker wurden „modernistisch" gescholten, die Enzykliken zum priesterlichen Zölibat und zur Geburtenkontrolle als „rückwärtsgewandt". In diesen Zeiten turbulenter innerkirchlicher Auseinandersetzungen fand sich an der Statue des Pasquino immer wieder ein Zettel mit den Worten: *semper sub sextis*. Der Spruch will besagen, dass es unter den „Sechsten" – und somit auch unter Paul VI. – immer schiefgehe. Die Antwort auf die Frage, ob derjenige, der hierbei Pasquino die Feder lieh, aus dem konservativen oder progressiven Lager kam, ließ sich nicht so einfach beantworten. Aber letztendlich adelten die Angriffe von rechts und links die Position des Papstes. Der nämlich handelte nach der Maxime, die sein berühmter Namensvetter, der Völkerapostel Paulus, im Zweiten Brief an Timotheus vorgegeben hatte, das Evangelium zu verkünden, „sei es gelegen oder ungelegen" (4,2).

Das Konzil hatte Reformen angemahnt. Der Papst sah sich in die Pflicht genommen, den Wünschen der Kirchenversammlung nachzukommen. Vieles, was gefordert worden war, wurde jedoch überhastet und in einer ursprünglich gar nicht so verlangten Radikalität angegangen – und oft das Kind mit dem Bade ausgeschüttet. Eine Reform der Liturgie schien und war wohl auch nötig. Doch sie geschah in einer Schnelle und Komplexität, die überforderte und manchmal selbst die Verantwortlichen im Vatikan überraschte. So wunderte sich der Papst an dem ersten Pfingstmontag, der den Vorgaben der Liturgiereform folgte, darüber, dass die Messgewänder, die er für seine Privatmesse anzuziehen gedachte, von grüner anstatt roter Farbe waren. Er sprach seinen Sekretär darauf an. Der antwortete: „Aber Heiliger Vater, Ihr selber habt doch die Pfingstoktav abgeschafft."

In den ersten Jahren seines Pontifikates hatte der Papst bedenkliche Entwicklungen festgestellt: eine in Formeln erstarrte Katechese, einen nachlassenden Besuch der Gottesdienste und Empfang der Sakramente, eine Welle von Austritten aus dem Ordens- und Priesterstand. Paul VI. bemühte sich, dem entgegenzuwirken. Vor allem vom Konzil erwartete er einen neuen Aufbruch. Die Jahre nach der großen Kirchenversammlung in Rom verhießen viel Gutes. Aber manchmal wurden die vorgeschlagenen Wege verlassen und mit der Berufung auf den „Geist des Konzils" ein Terrain betreten, das nicht mehr das der Kirche war. Paul VI. litt an dieser Entwicklung – für den, der ihm gegenüberstand, war dies deutlich zu spüren und zu sehen. In der Generalaudienz vom 29. Juni 1972 klagte der Papst: „Wir haben das Gefühl, dass durch irgendeinen Spalt der Rauch Satans in den Tempel Gottes eingedrungen ist."

Das „Geistliche Testament" des Papstes aber gibt Zeugnis von der Hoffnung, die Paul VI. der Kirche und der Welt geben wollte: „Ich richte meinen Blick im Lichte Christi, das allein alles erhält, und darum mit demütigem und heiterem Vertrauen auf das Geheimnis des Todes und das, was ihm folgt. Ich spüre die Wahrheit, die von diesem Geheimnis her immer auf mein jetziges Leben ausgestrahlt hat und preise den Sieger über den Tod dafür, dass er die Finsternis zerstreut hat und das Licht aufleuchten ließ. Im Angesicht des Todes, dieser totalen und endgültigen Loslösung vom irdischen Leben, empfinde ich es als meine Pflicht, das Geschenk, das Glück, die Schönheit und Bestimmung dieser flüchtigen Existenz zu rühmen: Herr, ich danke Dir, dass Du mich ins Leben gerufen hast."

Zwei Päpste – eine Hoffnung

Im September 1972 geschah Bemerkenswertes auf dem Markusplatz in Venedig. Papst Paul VI. war zu einem Pastoralbesuch in der Lagunenstadt eingetroffen. Vor der Markusbasilika hieß Albino Luciani, der Patriarch von Venedig, den hohen Besuch aus Rom willkommen. Ohne jede Vorankündigung, zur Überraschung aller Anwesenden nahm Paul VI. seine Stola und legte sie Albino Luciani um die Schultern. Der Patriarch errötete und bemerkte entsetzt: „Heiligkeit, was tun Sie da?" – „Ich weiß genau, was ich tue", antwortete ihm der Papst. Es war das einzige Mal, dass der Patriarch sie trug. Die päpstliche Stola verschwand in der Sakristei des Domes. Als Don Diego Lorenzi, der Sekretär Lucianis, sie für eine Zeremonie hervorholen holte, wurde er von dem sonst so umgänglichen und sanften Patriarchen barsch angefahren. Der erschrockene Sekretär erhielt die Order, die Stola sofort in die Lade des Sakristeischrankes zurückzulegen und sie nie mehr aus ihr herauszunehmen.

Nach dem Tode Pauls VI. am 6. August 1978 trafen aus aller Welt die Kardinäle in Rom ein, um einen Nachfolger des heiligen Petrus zu wählen. Die Purpurträger wussten, dass ihre Stimmen im Konklave ein neues Kapitel in der Kirchengeschichte aufschlagen würden. Tag und Nacht berieten sie sich in einer Art Vorkonklave über geeignete Kandidaten, schlossen Wahlbündnisse und verwarfen sie wieder. Vor dem Einzug in das Konklave plagten Albino Luciani ganz andere Sorgen. Für die Fahrt von Venedig nach Rom hatten sich der Patriarch und sein Sekretär eines nicht mehr ganz so neuen Vehikels bedient. Nur mit Mühe und Not war man in der Ewigen Stadt angekommen, immer wieder hatte der Motor ausgesetzt. In Rom bat Luciani seinen Sekretär, das Auto sofort in eine Werkstatt zu bringen und auf eine schnelle Reparatur zu drängen: „Mitte nächster Woche werden wir wieder nach Hause fahren können." Es kam anders.

Schon in dem Moment, als Albino Luciani – Johannes Paul I. – die Benediktionsloggia der Petersbasilika betrat, hatte er die Herzen der Gläubigen und der Welt erobert. Sein Lächeln berührte, Worte und Gestik verrieten einen bescheidenen, verständigen Menschen. *„Humilitas* – Demut" lautete der Wahl- und Wappenspruch des Papstes. Den römischen Schulkindern hatte er beim sonntäglichen Angelusgebet verraten: „Hätte ich gewusst, dass ich einmal Papst werde, wäre ich in der Schule fleißiger gewesen." Wer an den wenigen Generalaudienzen Johannes Pauls I. teilgenommen, sie am Radio mitverfolgt oder die Ansprachen in der Zeitung nachgelesen hatte, erkannte, welch hochgebildeter Katechet und begnadeter Seelenhirte der Kirche geschenkt worden war. In Sankt Peter und der vatikanischen Audienzhalle führte der Papst in einfachen Worten, für jedermann verständlich, in die schwierigsten Fragen des Glaubens ein. „Noch nie habe ich die Menschen so aufmerksam erlebt", bekannte der Präfekt des Päpstlichen Hauses, der für die Audienzen des Heiligen Vaters verantwortlich war.

Johannes Paul I. sollte den Gläubigen nicht lange als Geschenk erhalten bleiben. Das Pontifikat dauerte nur 33 Tage, am 28. September 1978 verstarb Albino Luciani. Das plötzliche Ableben des Papstes blieb der Welt, aber auch vielen Katholiken, unverständlich. Schon bald tauchten absurde Verschwörungs- und Mordtheorien auf, an denen der Vatikan nicht ganz unschuldig war. Der Papst war beim Studium wichtiger Akten im Bett verstorben, aufgefunden wurde er am Morgen des folgenden Tages von einer Ordenschwester des päpstlichen Haushalts.

Offiziell aber wurde verlautet, Johannes Paul I. sei bei der Lektüre einer frommen Schrift, der „Nachfolge Christi", friedlich verschieden, und einer der beiden Privatsekretäre des Papstes habe dem Toten als erster gegenübergestanden. Die kleinen Unwahrheiten, die sich einer falsch verstandenen Etikette verpflichtet fühlten, ermunterten nun Skandalautoren dazu, abenteuerliche Kolportagen gewinnbringend auf den Buchmarkt zu werfen. Wenige Tage vor seinem Tod hatte der Papst seinem Bruder geklagt: „Ach, hätten die Kardinäle doch gewusst, was für einen kranken Mann sie gewählt haben."

Zwei Wochen später zogen die Purpurträger erneut ins Konklave. Am 16. Oktober verkündete der rangälteste Kardinaldiakon die Wahl des neuen Papstes. So manchem auf dem Petersplatz und an den Fernsehern verschlug es die Sprache, als Kardinal Pericle Felici den Taufnamen des neuen Papstes nannte: Carolus, Karl. Die meisten kannten nur einen Karl, Carlo Confalonieri, den über fünfundachtzigjährigen Dekan des Kardinalskollegiums. Doch dann ein Aufatmen. Neuer Papst war der erst 58jährige Erzbischof von Krakau, Karol Wojtyla, Johannes Paul II. Als der Papst erstmals auf der Loggia erschien und zu den Gläubigen in sehr bewegenden Worten sprach, konnten aufmerksame Zuhörer über die Mikrophone deutlich eine Zurechtweisung durch den damaligen päpstlichen Zeremonienmeister vernehmen. Aus dem Munde von Monsignore Virgilio Noè kam ein sehr bestimmendes „Basta!". Johannes Paul II. zuckte mit keiner Miene. Er tat das, was er für richtig hielt: Er ignorierte es – und dann noch ein zweites und drittes Mal.

Einschüchterung und Angst kannte der Papst aus dem Osten nicht. Bei der Messe zur Feier seiner Amtsübernahme rief er den Gläubigen zu: „Habt keine Angst! Öffnet, ja reißt die Tore weit auf für Christus! Öffnet die Grenzen der Staaten, die wirtschaftlichen und die politischen Systeme, die weiten Bereiche der Kultur, der Zivilisation und des Fortschritt seiner rettenden Macht! Habt keine Angst! Christus weiß, was im Innern des Menschen ist. Er allein weiß es! Heute weiß der Mensch oft nicht, was er in seinem Innern, in der Tiefe seiner Seele, seines Herzens trägt. Er ist deshalb oft im Ungewissen über den Sinn seines Lebens auf dieser Erde. Er ist vom Zweifel befallen, der dann in Verzweiflung umschlägt. Erlaubt also – ich bitte euch und flehe euch in Demut und Vertrauen an – , erlaubt Christus, zum Menschen zu sprechen! Nur er hat Worte des Lebens!"

Das Pontifikat Johannes Pauls II. gewann schnell an Dynamik – für die Kirche und die Welt. In der polnischen Heimat des Papstes begann das System, das die Menschen seit dem Kriegsende knechtete, zu zerbrechen. Dass in den Ländern Osteuropas die Tage des Kommunismus gezählt waren und der Eiserne Vorhang zu fallen drohte, wurde in nicht unerheblichem Maße dem Papst zugeschrieben. Es verwunderte daher nicht, dass es Kräfte gab, die eine solche Entwicklung zu verhindern suchten. Am 13. Mai 1981 wurden auf Johannes Paul II., der zur Generalaudienz auf den Petersplatz fuhr, Schüsse abgegeben. Die Kugeln trafen, aber sie töteten den Papst nicht. Über das dramatisches Ereignis auf dem Petersplatz berichtete ein Wachtmeister der Päpstlichen Schweizergarde: „Als Johannes Paul II. noch etwa zwanzig Meter von uns entfernt war, zerrissen zwei Pistolenschüsse die Luft. Ich dachte sofort an einen Anschlag. Wachtmeister Peter Hasler und ich rannten instinktiv gegen den Jeep, wo der Heilige Vater bereits vornüber einsackte. Peter sprang auf die Schranke und von dort direkt auf das Fahrzeug. Ich selber konzentrierte mich auf den Attentäter, der aus kurzer Entfernung aus der Menschenmenge heraus geschossen hatte. In Uniform und Schwert hatte ich einige Mühe, über die Abschrankung zu kommen. Aufgeregte Leute halfen mir dabei. Ich sah den Attentäter flüchten, rannte ihm mit einigen anderen nach. Auf der Höhe des Postwagens wurde der junge Mann von Zivilisten gestellt …"

Auch innerkirchlich hatte der Papst bedeutsame Akzente und Schritte gesetzt: durch zahlreiche Rundschreiben, über hundert Pastoralbesuche in aller Welt, Selig- und Heiligsprechungen und der

Feier zweier Heiliger Jahre. Er rief die Weltjugendtage als Neubesinnungen auf den christlichen Glauben ins Leben. Sie wurden beeindruckende Großereignisse; beim Weltjugendtag 1995 in Manila (Philippinen) feierte Johannes Paul II. mit vier Millionen Gläubigen die Eucharistie. Ein weiteres Herzensanliegen des Papstes war der interreligiöse Dialog, 1986 und 2002 lud er die Weltreligionen zu vielbeachteten Gebetstreffen nach Assisi ein.

In den letzten Jahren seines Pontifikates war der Papst von Krankheit und Alter gezeichnet. Dennoch übte er das Petrusamt bis zu seinem letzten Atemzug aus. Am 2. April 2005 starb Johannes Paul II. Über drei Millionen Menschen kamen nach Rom, um dem Papst die letzte Ehre zu erweisen. Der italienische Zivilschutz gab bekannt, dass stündlich 21.000 Besucher (350 in der Minute) die Basilika betreten hätten; manche Gläubige seien 24 Stunden angestanden, die längste Menschenschlange hätte die Länge von fünf Kilometern gehabt. „Der Tod des katholischen Kirchenführers hat eine im säkularen Europa ungeahnte Massenbewegung ausgelöst, die Rom, das antike Caput Mundi, zum Herzen der Welt werden ließ", stellte das Nachrichtenmagazin „Focus" fest, „die friedliche Vereinigung der einfachen Völker, in den Straßen Roms wurde sie tags und nächtens Realität. Durch die Straßen strömten Filipinos, Oberschwaben, Bel-

gier, Australier, Nigerianer, Brasilianer." Überall
in Rom sah man Plakate mit dem Bild Johannes
Pauls II. und der Aufschrift *„Grazie, Santo Padre"*
(Danke, Heiliger Vater) – sie drückten die ehrliche
Überzeugung der Gläubigen aus.

Kontinuität und Erneuerung: Benedikt XVI.

Die Eröffnung eines Konklaves, der Versammlung zur Wahl eines Papstes, erfolgt mit einer Eucharistiefeier in Sankt Peter – mit und vor der Öffentlichkeit. Die Homilie, die in diesem Gottesdienst gehalten wird, beschränkt sich für gewöhnlich auf wohlwollende fromme Worte für die Wahlversammlung; in der Regel wird ihr nicht allzu große Aufmerksamkeit geschenkt. Vielleicht deswegen, weil sich die Gedanken der meisten Kardinäle eher auf das Zahlenspiel der kommenden Abstimmungen richten als auf die Betrachtung von Zitaten der Bibel oder Kommentaren der Kirchenväter. Wer aber den Prediger der Messe vom 18. April 2005 kannte, wusste, dass er als Zuhörer nicht mit billigen Allgemeinplätzen versorgt werden würde. Von Joseph Ratzinger, dem Dekan des Kardinalskollegiums, erwartete man eine theologisch bestens durchdachte Auslegung der Heiligen Schrift, die den Wählern des neuen Papstes einige besinnliche Gedanken mit in das Konklave geben wird.

Doch schon nach wenigen Worten der Predigt wurden die Kardinäle von einem Joseph Ratzinger überrascht, der Klartext sprach: „Wie viele Winde der Meinungen haben wir in den vergangenen Jahrzehnten kennen gelernt, wie viele ideologische Strömungen, Wie viele Denkmoden ... Das kleine Boot des Denkens vieler Christen ist nicht selten von diesen Wellen durchgeschüttelt worden – von einem Extrem ins andere geworfen ... Einen klaren Glauben nach dem Credo der Kirche zu haben, wird oft mit dem Etikett des Fundamentalismus belegt; während der Relativismus, also das Sichtreibenlassen von jedem Widerstreit der Meinungen, als die einzige Haltung erscheint, die auf der Höhe der heutigen Zeit ist."

Der Kardinaldekan erhob seine Stimme gegen „die Diktatur des Relativismus, die nichts als endgültig anerkennt und als letzten Maßstab nur das eigene Ich und seine Wünsche gelten lässt ... Wir hingegen haben einen anderen Maßstab: den Sohn Gottes, den wahren Menschen. Er ist das Maß des wahren Humanismus. ‚Erwachsen' ist nicht ein Glaube, der den Wellen der Mode und der letzten Neuerung folgt; erwachsen und reif ist ein Glaube, der tief in der Freundschaft mit Christus wurzelt. Es ist diese Freundschaft, die uns für alles offen macht, was gut ist, und uns die Richtschnur der Unterscheidung zwischen wahr und falsch, zwischen Betrug und Wahrheit schenkt."

„Nach einer solchen Predigt wird man entweder aus dem Amt gejagt – oder zum Papst gewählt", kommentierte ein altgedienter *vaticanista* (Vatikanexperte) einer großen italienischen Zeitung das Gesagte. Einen Tag später, in den frühen Abendstunden, steht Joseph Ratzinger als Benedikt XVI. auf der äußeren Loggia von Sankt Peter und erteilt erstmals den Apostolischen Segen. „Ich bin ein bescheidener Arbeiter im Weinberg des Herrn; ich vertraue mich den Gebeten der Gläubigen an", präsentiert sich der neue Papst. Fern jeder eitlen Selbstdarstellung – mit einem schwarzen Pullover, der unter den viel zu kurzen Ärmeln der Soutane hervorschaut, einem Gewand, das einen unordentlichen Eindruck macht und rührend ungelenken Grüßen in die Menge.

2002 hatte der Präfekt der Glaubenskongregation Johannes Paul II. auf seiner Zugfahrt nach Assisi zum Interreligiösen Gebetstreffen begleitet. Der Journalist Andreas Englisch berichtet darüber in seinem Buch „*Habemus Papam*": „Kardinal Ratzinger hatte sich nicht zu den anderen Religionsführern gesetzt. Er befand sich auch nicht im Abteil des Papstes, wo er hochwillkommen gewesen wäre. Er saß allein an einem Tischchen und blickte aus dem Fenster – ,Eminenz, wie beurteilen Sie diese Reise?', fragte ich ihn. Er antwortete: ,Sie sehen ja: Ich fahre mit. Aber ich sitze entgegen der Fahrtrichtung'."

Das Pontifikat Benedikts XVI. zeigt sich geprägt von der „Hermeneutik der Kontinuität und Reform". Der schwierige Begriff meint, dass sich der Weg und die Erneuerung der Kirche unter Wahrung der Kontinuität, einem fließenden Übergang, vollziehen muss. Für Fehlentwicklungen in der Kirche der vergangenen Jahrzehnte wird oft das Zweite Vatikanische Konzil verantwortlich gemacht. Doch steht für den Papst unverrückbar fest: „Die Kirche ist und war vor und nach dem Konzil dieselbe eine, heilige, katholische und apostolische Kirche, die sich auf dem Weg durch die Zeiten befindet." In „großer Offenheit des Geistes, aber auch mit der klaren Unterscheidung der Geister", müsse der Dialog mit der Zeit fortgesetzt werden.

Beim Weltjugendtag in Köln. im August 2005, traf Benedikt XVI. mit der Fußball-Legende Pelé zusammen. Als Pelé dem Heiligen Vater vorgestellt wurde, fragte ihn der Papst: „Und Sie sind Brasilianer …?" Erst die Auskunft eines Nebenstehenden offenbarte Papst Benedikt, dass er mit dem besten Fußballer der Welt sprach. Pelé hatte mit Brasilien drei Weltmeistertitel gewonnen und war 1999 vom Internationalen Olympischen Komitee zum Sportler des Jahrhunderts gewählt worden. Der gläubige Katholik zeigte sich vom Weltjugendtag in Köln begeistert: „Es ist wunderbar, dass ich hier sein darf. Für mich ist es eine große Ehre, an diesem Fest der

Jugend teilnehmen zu dürfen." Seine Fans umjubel-
ten den unvergessenen ehemaligen Fußball-Profi in
den Straßen der Domstadt; Pelé nahm auch am Ab-
schlussgottesdienst des Papstes auf dem Marienfeld
teil. Für Benedikt XVI. war diese Dimension Pelés
wichtig gewesen, nicht die des gefeierten Fußball-
Stars.

„Benedikt XVI. hat die Zahl der Privataudienzen
spürbar eingeschränkt. Der prestigeträchtige Empfang eines kleinen Kreises in einem der wunder-
schönen Säle des Vatikans kam zwar der Eitelkeit
der Auserkorenen entgegen, diente aber in erster Linie der Schonung und Bequemlichkeit des gebrech-
lich gewordenen Vorgängers Johannes Paul II. Sein
rüstiger Nachfolger Benedikt hat einen großen Teil
der zeitraubenden Privataudienzen demokratisiert,
indem er sie auf den Petersplatz verlegte: Wer bevorzugt wird, soll es vor aller Augen sein, wer nicht
bevorzugt ist, soll sich in der Gemeinschaft aller
aufgehoben fühlen", stellte Georg Paul Hefty zum
Jahresende 2005 in der „Frankfurter Allgemeinen
Zeitung" fest.

Schon Petrus selbst war der Verkündigung des
Evangeliums nicht nur *per pedes Apostolorum* nach-
gekommen, ein Schiff hatte ihn über das Mittel-
meer gebracht. Sänften, Pferde, Kutschen und
Eisenbahnen wurden von den Päpsten für ihr Apostolat genutzt. Im ersten Jahrzehnt des 20. Jahrhun-

derts hatten dann auch Automobile vor den Toren des Vatikans geschnauft – „teuf-teuf" gemacht, wie Pius X. scherzhaft bemerkte – und um Einlass gebeten. 1909 war der Erzbischof von New York der erste gewesen, der dem Papst einen Wagen zum Geschenk gemacht hatte. Unmittelbar nach den Lateranverträgen (1929) begann ein Wettlauf der Automobilkonzerne, den Papst mit ihren Produkten zu beschenken. Mit großem Werbeaufwand und öffentlichkeitswirksam wurden die Wagen im Vatikan übergeben und von den Päpsten gerne angenommen.

Auch das Pontifikat Benedikts XVI. war und ist reich an motorisierten Geschenken zu Händen des Heiligen Vaters. Der Papst bekam unter anderen die Schlüssel für ein Elektroauto der neusten Generation und einen der päpstlichen Feuerwehr dedizierten Löschwagen eines bekannten deutschen Unternehmens, das in Stuttgart beheimatet ist. Im Dezember 2005 erhielt der Papst von Ferrari das Lenkrad eines Rennwagens von Michael Schumacher überreicht. Auf ihm war zu lesen: „Das Lenkrad des Formel-1-Weltmeisters für Seine Heiligkeit Benedikt XVI., Lenker der Christenheit". Der Ferrarichef bemerkte, dass es sich dabei um eine komplizierte Vorrichtung handle: „E molto complicato, Santità!" Es sei auch kompliziert, die Kirche zu lenken, entgegnete der Papst.

Zeittafel der Anekdoten

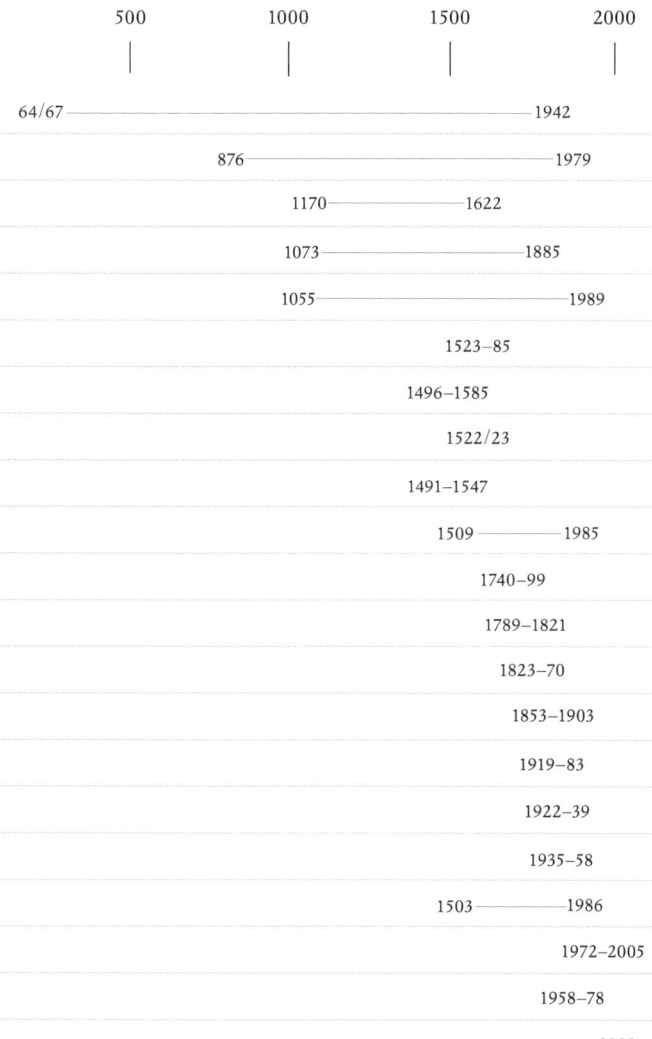

500   1000   1500   2000

64/67 ——————————————————— 1942

876 ——————————————— 1979

1170 ————————— 1622

1073 ————————————— 1885

1055 ————————————————— 1989

1523–85

1496–1585

1522/23

1491–1547

1509 ——————— 1985

1740–99

1789–1821

1823–70

1853–1903

1919–83

1922–39

1935–58

1503 ——————— 1986

1972–2005

1958–78

2002–

Kirchengeschichte

Gab es die Päpstin Johanna wirklich? Was hat es mit dem Heiligen Gral auf sich? Und waren Jesus und Maria Magdalena tatsächlich ein Liebespaar?

Michael Hesemann

DIE DUNKELMÄNNER
Mythen, Lügen und Legenden um die Kirchengeschichte
ISBN: 978-3-86744-016-5
Geb., 208 Seiten

Der „Chefhistoriker" des Vatikans stellt sich der verbreiteten Kritik an Papsttum, „finsterem Mittelalter", Inquisition und Kreuzzügen.

Walter Brandmüller

LICHT UND SCHATTEN
Kirchengeschichte zwischen Glaube, Fakten und Legenden
ISBN: 978-3-936484-99-1
Geb., 224 Seiten

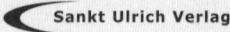